Ⓢ新潮新書

ヤマザキマリ
YAMAZAKI Mari

パスタぎらい

JN152667

809

新潮社

パスタぎらい　目次

第1章

イタリア暮らしですが、なにか?

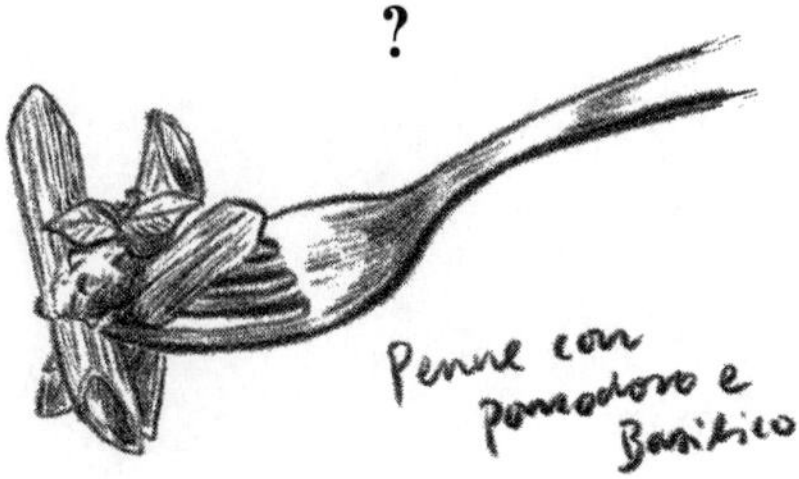

I　貧乏パスタ

十七歳でイタリアに暮らし始めてから今年（二〇一九年）で三十五年。他の国に滞在していた期間も短くはないが、何よりイタリア人の家族を持っているというバックグラウンドのため、私はイタリア料理に詳しい人、イタリア料理に対する嗜好性が高い人と日本では思われている。

「毎日イタリア料理を食べられるなんていいですね。羨ましい」などと言われると、どうもそのままやり過ごせなくなり、「じゃあ、あなたもやってみて下さいよ。長く持って二週間くらいだから」と毒気混じりの返答を口にせずにはいられなくなってしまう。

中には、私との会食は「イタリアン必須」と考えてしまう人もいるらしく、そんな時は「せっかくイタリア料理以外のものが食べられる国にいるので、イタリア料理ではないものにしてください」とリクエストする場合もある。

もちろんイタリア料理を徹底的に拒絶しているというわけではない。東京には、イタリアよりもよほどお客を思いやった素晴らしい料理を出す店はたくさんあるし、新宿五丁目にある日本人シェフのイタリア料理店はとても気に入っていて、その味を知ってもらいたくて大切な友人を連れていくことも度々ある。

正直、私はグルメではないし、美味しさ感覚の沸点もとんでもないくらい低い。コンビニエンスストアのお弁当も、お腹が空いている時であればしみじみ美味しいと感じるし、気取らない大衆食も大好きだ。逆に、もの凄く評価の高い高級料亭で振る舞われる、最高の素材を使った最上の料理となると、どうもそれに見合うだけの感動を覚えられる自信がない。ハードルの高さを感じてしまう時点で、おそらく味覚の天真爛漫な積極性が萎えてしまうのだろう。

*

今から二十数年前の一九九五年、未婚で産んだ二歳の子供を連れて日本へ一時帰国した私は、生計を立てるため札幌のローカルテレビ局の料理番組でイタリア料理をお披露目していたことがある。料理研究家でもなければグルメでもない、しかもイタリアでは貧乏生活が長過ぎて大して美味しいものを食べた経験すらない私が、なぜそんな畏れ多き大胆なことをやっていたのかというと、それこそ高級感を醸し出している日本でのイタリア料理の扱われ方に疑問を抱いたのがきっかけだ。

たまたまテレビ局のプロデューサーとイタリア料理店で食事をする機会があり、私がニンニク、塩コショウ、鷹の爪をオリーブ・オイルで和えただけのシンプルな一品「アーリオ・オリオ・エ・ペペロンチーノ」スパゲッティを頼んだ。これは、日本における「素うどん」と言ってもいいポジションのスパゲッティで、私がフィレンツェでいつ野垂れ死にしてもおかしくないほど貧乏な暮らしをしていた時代に、おそらく最も高い頻度で食べていた料理である。

当時イタリアでは、安いスパゲッティだと五百グラム入りが五十円くらいで買えたから、「一人前＝百グラム」と換算すれば、一人分の食材費は他の食材を足しても二十円か、多くても三十円くらいだろう。まさに私の飢えを救ってくれた食べ物だったと言っていい。

同じ頃世話になっていたフィレンツェの文壇サロンでも、このスパゲッティをよく食べた。同じように経済的に困窮した作家や画家が集まって夜中まで話し込んだ時、誰ともなく茹で始め、皆で食べていたのもこのスパゲッティで、私の中ではもはや「好き／嫌い」の枠には収まらない、自分という人間を構成する細胞の一部分になっている。

ところが、札幌のレストランで出されたこのスパゲッティの値段は、当時で千円を超えていて、私は思わず「うわあ、ほとんどレストランの儲けじゃないですか……」と漏らしてしまった。しかもその店には日本人しか働いていないのに、スタッフたちが「ペルファヴォーレ！」「グラッツィエ！」などとイタリア語で喋っているのも違和感だし、子連れの客なんかはとてもじゃないけど入れなさそうな雰囲気。客はやたらとワイングラスをぐるぐる回していて、「なんだかイタリアのイメージが日本には間違って伝わってませんかねえ」などと矢継ぎ早にだだ漏れてくる私の言葉に耳を傾けていたプロデューサーが、「だったら一回テレビに出て、その安上がりイタリア料理とやらを作ってみてよ」と思いつきの提案をしたことが、全ての始まりである。

最初にお披露目したのは、「アマトリチャーナ」というおそらく日本のナポリタンの原型となったと思しきトマト系のスパゲッティだった。これだって、食材費はたいして掛からない。生放送だったので、料理中の私の呟きもそのまま視聴者には届く。「人数で割っても食材費は一人百円そこそこじゃないでしょうかね」とか、「レストランだと千円以上で出してたりしますからね」とか、およそ料理番組にふさわしくない言葉が主婦層には大いにうけたようだが、レストランの経営者やシェフたちは腹を立てたらしい。当然である。

とにかく、安上がりで腹持ちもするパスタはイタリアにおいては庶民のための食であり、イタリア映画でも貧窮した様子を表現する時は、大人数で大量のトマトソースのスパゲッティを食べるシーンをよく用いている。私もニンニク塩コショウパスタが続いて、さすがに飽きてきた時は、奮発してひと缶五十円くらいのトマトの水煮を調達し、トマトソース仕様にしたりするのだが、自分の人生でいったいどれだけこの類いの「貧乏パスタ」を食べてきたのか数え切れない。

夫は幸運なことに貧乏体験は一度もしていない人だが、イタリア人にとって「おふくろの味」とも言えるトマトソースのパスタは大好きで、自分でもしょっちゅう作っている。しかしそんな時私は、日本から持って来た素麺や蕎麦を食べることにしている。正直、若い時に過剰に摂取し過ぎたためか、もはやスパゲッティを含むパスタ全般に食欲をそそられることは、ほとんどなくなってしまったのである。

フィレンツェに留学をしていた十一年の間に、おそらく私は一生分のパスタを食べてしまったのかもしれない――。

＊

そうは言っても、「やはりたまにはパスタを食べたくなるんじゃないですか？」なんて思う読者の方もきっといるはずだろう。

食べ尽くしたとはいっても、もう今から四半世紀以上前のことだし、確かにここ数年、日本に足繁く帰ってくるようになってからは、パスタを食べたくなることも、時々ある。ただしそれは「アーリオ・オリオ・エ・ペペロンチーノ」でもなければ「アマトリチャーナ」でもない。「カルボナーラ」でもなければイカスミのパスタでもなく、ウニとカラスミのパスタでもない。私が食べたくて仕方のなくなるパスタは、ケチャップを使った和製のナポリタンやタラコのソース、または納豆を使ったような、いわゆる「和風スパゲッティ」である。ああいう類いのものであれば、胃袋はまだ喜んでくれる。

エッセイ漫画にも描いたことがあるが（『それではさっそくBuonappetito!』）、留学生活の初期に家をシェアしていた大学生たちに、私はケチャップをふんだんに使用したナポリタンを作ったことがあった。イタリア人たちがあまりにケチャップの存在を邪道扱いするので、偏見を正してもらいたいという思いもあったからなのだが、確かに彼らの目からしてみれば、イタリアという国のこともろくにわかっていない東洋から来た小娘の作るスパゲッティを食べるなど、一種の罰ゲームみたいなものだったはずである。しかも使用する調味料がトマトケチャップとなれば尚更だ。

ところが、このナポリタンが意外にも皆の口にあったのである。全員貧乏だったせいで胃袋が至極寛容になっていた、というわけでもなかったらしい。あの時私を満たした達成感は、今でも思い出せるくらい愉快爽快なものだった。

いくら海外暮らしが長くても、家族が外国人であっても、やはり私の味覚はなんだかんだで和製優位なのだろう。茹で過ぎてぶちぶち切れてしまう、お弁当の付け合わせに入っているようなケチャップベトベトの冷めたスパゲッティを口にした瞬間、なんだか心底からホッとしてしまうのも、間違いなくその証拠なのである。

Ⅱ　イタリアのパンの実力

「美食国家」と言われるイタリアだが、なぜかこの国のパンはあまり美味しくない。

これは私に限らず、イタリアを旅していてそう感じた人も少なくないだろう。イタリアのパンは製造法も形状も地域によって変わるし、無味なものもあれば塩気の強いものもある。それなりに多様性はあるが、パン自体の「美味しさを楽しむもの」ではなく、パン大国であるフランスやドイツなんかと比べると、そのレベルはお世辞にも高いとは言えない。

一方で、日本のパンのレベルは総じて高い。私は別に突出したパン好きだとかマニアというわけではないので、自分の味覚を基準にそう言い切るのもおこがましいが、実際日本のパンは頗《すこぶ》る美味しい。日本にはフランスやドイツといったパン文化の発達した国をモデルにした店（昨今ではフランス風に「ブーランジェリー」と言うのか）の数も少なくはないと思うのだが、イタリア系のパンを製造販売している店は滅多にない。ネット検索でヒットした店もあるが、そこで売られているのは、あの大した味もついておらず、食感も曖昧で、翌日にはパッサパサになってしまう色気も素っ気もない生粋のイタリアのパンではなく、日本人の口に合うようにアレンジを凝らした美味しそうなものだった。

どうやらイタリアにおいてパンという存在は、メインである食べ物の脇役に徹するもので、それ自体が余計な自己主張をしないよう配慮がなされていて、あのような素っ気ない代物になっているらしい。一方でドイツやフランスなどでは、パンはパンとしてそれだけを食べてもしっかりと美味しいものであることを求められているのだろう。

イタリアでは、パスタでも肉料理でも〝主役〟を平らげてしまった後、それでも物足りなさを感じる人はパンを千切って皿にこびり付いたソースや肉汁を拭い取って食べる。あるいは、運ばれてきた料理の量を見て、腹を膨らませるのにパンの助けを借りるべきかどうかを判断する。彼らにとってパンとは、そういう役割のものなのだ。

以前、ベルギーの高級メーカー「ゴディバ」のチョコレートを夫の実家にプレゼントとして持って行った時、姑はそれを迷いなくパンに挟んで愛おしそうに食べていた。そして周りにも「これは高価で美味しいチョコレートだから、パンに挟んで食べた方がいいよ！　その方が腹持ちするし、食べ応えがあるから！」と薦めていたのだった。当時百歳近かった彼女の母親も、チョコレートをパンに挟んで食べていたが、あの習慣は食料難に陥ったイタリアの戦中戦後の名残なのかもしれない。

＊

それにしても、ちょっと小腹が空いた時や、今日はパン一個だけで軽く済ませたいなんて思った時に、日本のパンの美味しさを知ってしまっていると、外国ではそれが叶わないのはなかなか切ない。

シカゴに暮らしていた時は、メロンパンを買うために家から四十キロほど離れた日系スーパーにある日本式パン屋まで車を走らせていたものだが、今暮らしているイタリアの地域には、そんなスーパーもパン屋も存在しない。いっそ自分で日本っぽいパンを作ってみるかと一念発起したこともあったが、仕事が忙しくてなかなかその時間を捻出できないでいる。

ポルトガルに暮らしていたこともあり、当地のパンもとても素っ気ない味だったが、イタリアに限らず、地中海沿岸やかつてのローマ帝国の領域にあたる地域の食文化において、どこでもパンは脇役であった。腹を膨らませることができればそれでいいものとして扱われているようだ。中東ではナンやピタといったイーストで発酵させない平たいパンが、やはりメイン料理を支える食材として食べられているが、イタリアの名物料理であるピッツァも考えてみたら、平たいパンが土台となっている。

「フォッカッチャ」という少しだけ弾力のある丸いパンがイタリアにはあり、ピッツァの原型とも言われているが、主に中部から南部でよく食べられている（ポンペイで出土した二千年前の炭化したパンもこの形状）。このフォッカッチャに関しては、塩気もあり、表面にはオリーブ・オイルが沁み込んでいたりするので、単独で食べても結構美味しく、よくそれを口いっぱいに頬張りながら通りを歩いている若者を目にすることがある。

ピッツァという食べ物も、要はインドや中東などで食され続けている平たいパンやフォッカッチャに具材を乗っけたようなものである。グルメとしてピッツァを楽しみたいイタリア人たちは、具材の乗った中心部だけを食べて、縁を残している。メインはあくまで生地ではなく具材だから、縁などはっきり言ってどうでもいいわけである。アメリカ経由で日本に入って来た、縁にもチーズが入ったピッツァはイタリア人には馴染みはない。

ちなみに貧しい地域で作られるピッツァは、生地がフォッカッチャくらいふかふかで厚い。そういったことからも、イタリアにおけるパンが腹を膨らませる以上のなにものでもないという実態が窺えるのだった。そもそもアメリカで普及した厚みのあるピッツァの生地は、もともと貧しいシチリアの移民たちがもたらしたという説がある。

古代ローマ時代のように、飽食の領域にも到達するほど食文化が過去に大きく栄えたからこそ、地中海沿岸地域ではパンが主役になりそこねてしまったのかもしれない。そうだとしても、私にしてみればパン単体の美味しさを知らない彼らはちょっと気の毒でもある。実際かつて日本に連れて来た十人のイタリア人のオバさんたちは、日本で最も美味しかったものの一つにパンを挙げていた（ちなみに一番はイタリア料理だった……）。

とにかく私にとって、世界におけるパン美食国ナンバーワンは日本である。

それは、欧州生まれの機関車を新幹線に、西洋便器をウォシュレットに進化させたのと同様、海外で生まれたものを本国以上のクオリティで製造してしまう、日本のこだわりの職人気質の成果の一つとも言えるかもしれない。

Ⅲ　トマトと果物が苦手です

私は酸っぱい果物が食べられない。「食べられない」というのは嗜好性の問題ではなく、果物の酸味に拒絶反応が出てしまって、美味しく味わうことができないのである。どうしてもと言われれば食べられないこともないが、例えばイチゴだと、一粒完食するのに一時間は掛かってしまうだろう。グレープフルーツやオレンジ、夏みかん、そしてレモンといった柑橘系になると、完全にお手上げである。

果物ではないが、実は生のトマトも酸味が強いとなかなか積極的に食べられない。言わずもがなだが、イタリア料理にトマトは欠かせない。そんなイタリアに暮らし始めてから三十年以上も経つのに、トマトが苦手だと言うと、「イタリアにいるのに、そんなのアリなの⁉」と驚かれることもしょっちゅうだが、物心がついた時から果物を食べられないのだから仕方がない。

しかし、周りの人たちは家族も含めて酸っぱい果物が大好物だし、酸っぱさのもとであるクエン酸が美容と健康には欠かせない要素だということを考慮すると、いくら何でもこのまま死ぬまで酸っぱい果物を拒絶し続けて生きていくのはどうかという気持ちにもなってくる。

クエン酸をしっかりと身体に取り込んでおかないと、摂取した食べ物が効率良く燃焼してくれず、疲労性物質とも言われる乳酸が身体に滞ってしまうのだそうだ。だとすると私の全身は五十年分の乳酸で満ち満ちているということになる。恐ろしいことである。

このままクエン酸を拒み続ければ、疲れが溜まって日常の暮らしに支障を来すだけでなく、血液はドロドロと固まり、肩こりは今以上に酷いものとなり、おまけに脳の老化も早まり、肌は荒れ、人として、女性として、あらゆる側面で悲しい顚末を迎えかねない。

不安になってネットで検索してみると、「酸味のない果物にもクエン酸が入っています」とあるのを見つけた。そこで薦められていたのは、リンゴ、プラム、桃に葡萄《ぶどう》だった。残念ながら、これらは全て私にとって立派に〝酸っぱい〟カテゴリーに入る果物である。

ところが、よく見るとそこにメロンという名前も並んでいることに気がついた。メロンであれば、全く問題はない。しかもここイタリアは夏場になるとメロンの消費量が増えるので、高級品扱いをされている日本と違い、当たり外れはあるが、立派で美味しいネットメロンが一玉二百～三百円といった手頃な値段で買えるのだ。

何ごとも情報に流されやすい性質の私は、ここ最近しょっちゅうメロンを食べるようになった。冷蔵庫の収納スペースがメロンだらけじゃないかと腹を立てる夫の声が聞こえてきても気にしない。「酸っぱい物でも何でも食べられるあんたと違って、私にはもうメロンしかないのよ！」と私に言い返されてきょとんとしているが、夫にとっても血液がドロドロの皺だらけになった十四歳上の妻を介護するよりは、多少冷蔵庫がメロンだらけでも我慢したほうが良いに決まっている。それに、冷蔵庫にぎっしりとメロンを詰め込むのは、イタリアだからこそ可能なのであり、高級品扱いされている日本ではあり得ない。

日本ではメロンが初競りで百万円を超す金額で落札されることもある、という話をイタリア人たちにすると、皆どういう言葉を返していいのかわからないといった表情になって絶句する。あまりに衝撃的過ぎたのか、ある親戚は、その辺で売っているメロンを十玉くらい重たそうに抱えて持ってきて、「これをかわいそうな日本の人たちに食べてもらって頂戴」と私に託していったこともあった。

実際日本の高級果物店などへ行くと、一房で一万円もする葡萄が桐の化粧箱に入って売られているし、たった二個で五千円という値段がついている作り物のように完璧な桃を見たこともある。ブラジルなどの南国では、私も食べられる甘い果物がたくさんあるので、毎日飽きるくらいマンゴーやパパイヤを摂取していたが、日本で美味しそうなマンゴーを買おうと思うと、平気で一玉何千円という値段が付いていて、とても気軽には手が出せない。

とにかく、果物というものの概念が世界と日本では果てしなく違うのである。たまに贈答品として、見るからに高価な雰囲気の果物を頂いてしまった時などは、悲鳴に近い叫び声とともに深い落胆に陥り、果物が高級品として扱われる日本を憎々しく思うのだった。高級懐石料理などでも、最後にデザートとしてメロンや高級葡萄などが恭しく出されるが、そんな時も同様の詮無い気持ちになる。

＊

古代ローマ時代、果物は今ほど種類もなければ、手軽に食べられたわけでもないようだ。ポンペイやエルコラーノといったヴェスビオ火山の噴火によって壊滅した町の遺跡にある高級住宅の壁画に、果物の入った器などのフレスコ画が描かれていることからも、彼らが果物に特別な嗜好を抱いていたのが窺える。野イチゴなど、在来の果物は手軽に食べられたかもしれないが、例えば桃は中国からオリエントを経由し、紀元一世紀になって伝えられたもので（イタリア語で「Pesca」というが、「ペルシア」が語源）、かなりの高級品だったようである。イチジクや杏、梨なども売られてはいたようだが、それらもメソポタミアや小アジア（現在のトルコにあたる地域）から持ち込まれたもので、イタリア半島に自生していた果物ではない。やはり簡単に手に入らないものは、必然的に高級品となるのである。

古代ローマ人は果物が身体に良い効果をもたらすことに気付いていたようで、薬として用いていた果物も少なくない。彼らが嗜好していた果物の中で特徴的なものとして、ローズヒップ（バラの実）が挙げられる。古代ローマ人は、ローズヒップに含まれているビタミンCが健康に良いことをすでに知っていたのである。

＊

古今東西、果物というものがどれだけ人々の健康にとって大切だったのかが十分理解できたところで、私は今のところ冷蔵庫にぎっしりと詰め込まれたメロンをひたすら食べるしかないわけである。

と、ここまで書いて思い出したが、かつて熱川のバナナワニ園へ取材に行った時、施設内のフルーツパーラーで、それを口に含めると、次に食べたものが酸っぱく感じなくなる「ミラクルフルーツ」なるものにトライしたことがあった。そのコーヒー豆くらいの小さな赤い実を食べた後に、レモンのスライスを恐る恐る口の中に入れてみたのだが、驚くべき事に全く酸っぱさが感じられなかった。この果物の中には特殊な糖タンパク質である〝ミラクリン〟という素敵なネーミングの成分が含まれていて、苦味や酸っぱさを甘みに変えるのだそうである。まさにミラクルである。

早速ネットで探してみると、普通に売っている。なぜ今まで知らなかったのだろうかという苛立たしさを払いのけ、私は何迷うことなくそれを買物かごに入れていた。届いたらすぐに試せるように、今からレモンを調達しておくとしよう。

しかし、その前に冷蔵庫に詰まっているメロンをどう消費するべきか。ぼちぼちもう香りも嗅ぎたくない気持ちになりつつある。

Ⅳ　コーヒーが飲めません

コーヒーが苦手である。

これはコーヒー消費大国イタリアに暮らす人間にとって、致命的なことである。

中学生の頃、教室の向かいにコーヒーを焙煎している店があり、そこから漂ってくる臭いがいつも辛くて仕方がなかった。イタリアでの留学生活が始まった頃には、周りから薦められてエスプレッソを飲むようにしていたが、やはりコーヒーのカフェインがいけないのか、飲んだ直後からたちまち胃もたれがして頭痛が激しくなるのである。

子供の頃からお茶ばかり飲んでいたので、胃がお茶以外のカフェインを受け付けなくなってしまったのだろうか。とにかくお茶に関してはいくら飲んでも気持ちが悪くなることはない。母の証言によると、すでに一歳になるかならないかの頃から、哺乳瓶で紅茶を飲んでいたそうだ。

保育園に通うようになり、遠足などでお弁当を持たされる時、水筒に入っていたのは、いつも温かい紅茶だった。他の子供は番茶の冷めたものや麦茶だったのに、うちの場合は必ず温かい紅茶でそれ以外の選択肢はなかった。母もその父も「紅茶党」だったそうで、彼女にとって「お茶」といえば、緑茶やほうじ茶ではなく、紅茶を意味していた。

若いうちから慣らされてきたこともあって、現在の私は目が覚めてから一日に五杯も六杯も紅茶を飲んでいる。それでもコーヒーを一日に何杯も飲む人よりはカフェイン摂取量は少ない。調べてみたら、紅茶一杯のカフェインの量は、ドリップで淹れたコーヒーの半分くらいなのだそうだ。ただ、量を飲めばそれなりのカフェインを摂取していることになる。

紅茶に限らずあらゆる種類のお茶を一日におそらく二リットル近くは飲んでいるが、ある統計によると、一人あたりのお茶の消費量世界一位は、中東のクウェートなのだそうだ。二位はアイルランド、それに続くのが、かつて東インド会社による茶の独占貿易で大きな利益を得ていたイギリス。アイルランドやイギリスで紅茶摂取量が多いのは、決して嗜好性だけによるものではないらしい。欧州の他の地域でも同じだが、これらの国の水は硬水であり、生で飲めないことがその理由だという。たしかにイギリス以外の国でも水を飲む代わりに喉の渇きを潤すためにお茶を飲んでいるので、そのままで飲める美味しい水があるかないかが、お茶の摂取量の目安になるのかもしれない。私もかつて貧乏学生だった頃は、ミネラルウォーターを頻繁に買えないので、いつもお茶を沸かして飲んでいたが、その時の習慣が今も継続されている。

ちなみに世界の中で最もお茶への愛が足りないと私が感じているイタリアやポルトガルは、案の定一人あたりの消費量が三十位までにランクインしていなかった。そりゃそうだろう。この両国では、何をどうしたらこんなにマズいお茶になるのだろうと疑問に思うくらいのお茶を出されることがある。器にしろ振る舞い方にしろ、お茶を美味しく飲もうという姿勢が全く感じられない。イタリアとポルトガルでは、コーヒー嗜好の人がマジョリティなので、お茶はつい蔑ろにされてしまうのだろう。

*

中東のシリアに暮らしていた頃は、家でも外でも常に紅茶を飲んでいた。アレッポにあった古い公衆浴場の中で、床に食べ物を並べ団欒をしていた家族に振る舞われた甘くてスパイシーなお茶が美味しくて、暑い場所で熱いお茶を飲みながらダラダラするという楽しみ方を知った。

またある時は、シリア砂漠のとある遺跡へ移動するために乗ったマイクロバスの車中で、淹れたばかりのお茶を飲んだことがある。同乗していた小学生くらいの子供が、突然助手席のあたりに備えてあった小さなコンロを通路の中ほどまで持って来て、それでお湯を沸かし、乗客一人一人に熱いお茶を配ったのである。あの子はきっと運転手の息子かなにかで、淹れたてのお茶もあのマイクロバス独自のサービスだったのだろう。

お茶には確かに覚醒の効果もあるけど、どこの国でもそれ以上に安らぎをもたらす飲み物と捉えられているので、バスの中など乗り物の中で温かいお茶を頂くのはありがたかった。エジプトやトルコやイランのような国でも、あらゆる場所で小さなガラスのコップに入った熱くて甘いお茶を振る舞われることがある。言葉が通じなくても、そっと目の前に差し出されるお茶には、温かいおもてなし要素が込められているようで、ホッとする。

そう言えば、なぜかシリアでは紅茶の他にも「マテ茶」がよく消費されていた。本来マテ茶というのは原産である南米でよく飲まれているお茶のはずなのに、どういうわけか首都であるダマスカスの街角にはこのマテ茶を出すキオスクまであった。話によると、もともと南米に移住していたシリア人たちが戻ってきたことによって普及したのだそうだが、あの当時で年間一・五トン以上も輸入していたというから、どれだけのシリア人が移住先から戻ってきたのか考えさせられた。

このように世界のどんな地域のどんなお茶でも楽しんできた私ではあるが、今までで一番ハードルの高かったものは、チベットで飲んだバター茶だろう。一杯飲むぐらいであれば問題はなかったのだろうが、訪れた民家で小さな茶碗とはいえ次々と十杯以上も飲み、その夜は案の定お腹がへんになってしまった。

言葉が通じなかったから、奉仕されたものを美味しく頂くしかないと思い、絶え間なく注がれるのをニコニコしながら飲んでいたのだが、年齢のせいもあってか、無理をしたツケがしっかりと現れた。高山病で倒れた直後だったこともあるが、チベットの寒い冬を支えるヤクの乳の脂肪の過剰摂取は、慣れていない人間にはたちまち強烈な影響を与える。

このバター茶に用いられている茶葉は、プーアールなどに代表される黒茶なのだそうだ。それが選ばれるのは味がどうのこうのというよりも、茶葉を固めて固形にしてあるので標高の高い地域まで運ぶことができるという可搬性が理由らしい。

プーアール茶は私も大好きな茶葉で、毎日必ずどこかのタイミングで飲んでいる。先日訪れた香港で入ったお茶の販売店では、プーアール茶がどれだけ身体にいいかをたっぷり宣伝されて、大量買いをして帰ってきた。香港の人は本当によくプーアール茶を飲むが（たくさん食べるのに無駄に太らないのはプーアール茶のおかげだと地元民は言う）、お店のおばさんは、しきりとプーアール茶の効能は余計な油を排出させるだけでなく、血もさらさらにしてくれるのよ、お通じも良くなるわよ、と熱く語っていた。たくさんの種類を試し飲みさせてもらったが、その中から私は何となく縁起の良さげな〝笑佛普洱〟という名称のものを購入した。文化大革命時、毛沢東は製造工程に時間が掛かり過ぎるという理由で、本国でのプーアール茶の生産を一時的に中止させていたそうだが、あの人ももっと積極的にプーアール茶を飲んでいたら、いくらかスリムになれていたのではなかろうか。

不思議なのは、世界のどこの地域でもそれほど変わらないお茶の呼び名である。モンゴルからインド、ペルシア、そしてトルコやロシアなどの地域で使われる「チャイ」など、「チャ」から始まる系列のものは中国の北方語、そして広東語が語源だと言われている。英語の語源となっている「テー」は福建省や台湾などで使われている閩南語《びんなん》がマレー経由でオランダ人によってもたらされた呼称とされているらしい。フランスやイタリアなど西ヨーロッパ地域ではどこでもお茶は「テ」だが、何故かポルトガルでは「シャ」と呼ばれているのは、彼らが広東省と直接茶葉の貿易をしていたからなのだそうだ。なるほど。

日本では唐に留学した仏僧の最澄と空海が日本にお茶を持って帰ったという説があるが、最近の研究によれば、彼らよりも前に奈良時代からすでにお茶は存在していたらしい。その後日本では〝茶の湯〟という独特の文化を育んでいくが、風土やそして日本人の几帳面さもまた美味しい茶葉を栽培するのに適していたのだろう。

私の最近のお気に入りは国産の紅茶である。特に佐賀の嬉野や熊本の天草のものが香りも風味も私好みで、家でも切らさないように常備している。

ちなみに、この項を書き終えるまでに消費した紅茶は三杯。種類は今ここに挙げた国産の紅茶、そして頂き物の薫製香が麗しいラプサン・スーチョン。それから東京の仕事場近くのカフェで購入したケニア茶。私の血はきっと紅茶でできている。

第2章

あなた恋しい日本食

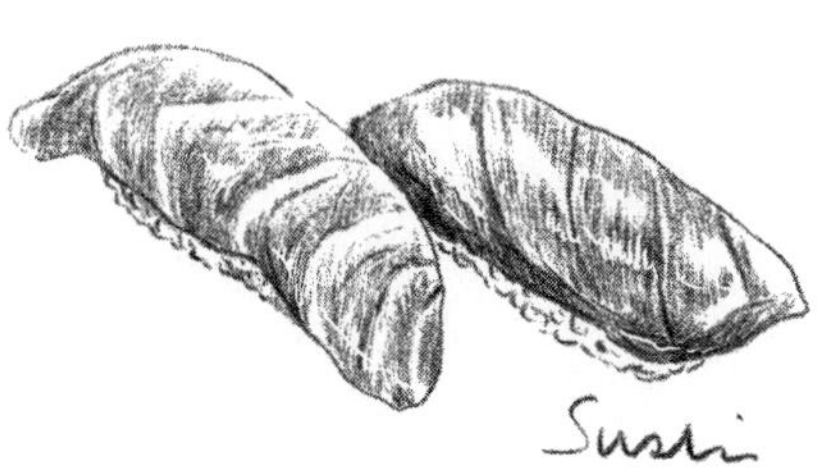

I　ラーメンが「ソウル・フード」

留学先のフィレンツェで当時恋人だった詩人と同棲十一年目にして未婚のまま子を産んだ私は、ボヘミアン生活に終止符を打って、一九九五年、日本へ一時帰国した。絵で食べて行くにはこの手段しかないと、その時選択した漫画家という職業も、デビューはできたとはいえ、まだその収入だけで自分と子供の暮らしをやりくりするのは無理だった。だから何足ものワラジ状態で自分にできる限りの仕事を請け負っていたが、その中の一つが、北海道のローカルテレビ局の情報番組の旅・温泉・食レポーターである。

『テルマエ・ロマエ』がヒットして以降、私がテレビ番組に出ると、「ヤマザキマリは漫画家なのにテレビに良く出るなあ」と思う人も少なくないようだが、私はもともと職業としてテレビに出演していた人間なので（しかも温泉に裸で浸かっている状態で）、むしろあの時代の私を知っている北海道の人にしてみれば、「えっ、この人って漫画家だったの⁉」という逆の衝撃があったようだ。

まあそれはいいとして、とにかく私は北海道の隅々を旅してはあちらこちらで涌いている温泉に浸かり、そしてご当地の名物やイチオシ料理を食べてはコメントをしてきたわけだが（今で言う「食レポ」である）、どのディレクターも好んで私に食べさせたがる一品があった。

ラーメンである。

そもそも食レポーターとしてのデビューは、「函館ラーメンのルーツを辿る」というもので、函館の塩ラーメンが福建省から伝えられたものだとする説を解き明かすために、函館中の老舗ラーメン屋を回り、中国との交わりの軌跡を探るというものだった。

ラーメンも温泉と同じように、イタリア留学時代の私にとっては最も恋しいものの一つだったので、ラーメン店が取材先に入っていると猛烈に嬉しくて、気が付くとどこでもスープも残さず完食を果たしてしまった。その私のラーメンの食べ方が「実に潔い食べっぷり」ということで、どのディレクターも担当レポーターが私になると、必ずラーメン店を入れてくれるのだった。

今こうして思い出してみると、北海道では本当にありとあらゆるラーメンを食べてきた。函館、札幌、旭川……。美味しいラーメンがあると聞けばどんな地域にも赴いた。

忘れ難いものの一つに、町おこしの一環として養殖を始めたザリガニを使った、「ザリガニラーメン　フレンチソース掛け」なるものがあった。赤いラーメンどんぶりに、これまた真っ赤なバルタン星人のような姿でトッピングされたザリガニ……。フレンチ風の味というのもかなりの衝撃だったが、ラーメンとなれば食べないわけにはいかない。私の「食外交」（食べ物を通じてその土地の文化を知る意識）への意欲は、常に積極的なのである。ましてやそれがラーメンともなれば。

これは絶品だと思ったラーメン屋に行き当たれば、二、三時間車を走らせる距離であっても、プライベートで再びその店を訪れることにしていた。自分が突出したマニアだと感じたことも自負をしたこともないが、そんな仕事をしていたおかげで、すっかりラーメンを欲して止まない身体になってしまったと思っている。

＊

海外で生活をしていると、よく日本の人から「お寿司や天ぷらが恋しいでしょう」なんて聞かれるが、正直そんなものよりも圧倒的に食べたくて我慢ができなくなるのはラーメンだ。日本を訪れた海外からの観光客に好まれるのもラーメンだという。うちのイタリア人の夫も、日本に暮らした経験のあるポルトガルやブラジルの友人も、ラーメンの話になると恋する乙女のような潤んだ瞳になって、「あれは日本における最高の料理だよ……」と味覚の記憶に酔いしれる。

ラーメンのような特性を持った食べ物と、比較になるようなものが何か世界にはあるのだろうかと考えてみたが、あまり思い当たらない。アジア圏であればヴェトナムのフォーなどが思い浮かぶが、それともちょっと違う。飲み過ぎて若干気持ちが悪くなりつつある時にフォーを食べたいと思ったことはないが、そんな時私はこってりの豚骨ラーメンをひたすら食べたくなる。

イタリア留学時代に付き合っていた詩人と一緒によく通っていた文芸サロンでは、朝までワインを飲みながら語り合う時など、真夜中か明け方近くになって「あー、ニンニクとオリーブ・オイルと鷹の爪のスパゲッティが喰いたい！」と言い出す人がいつもいた。そんな時は部屋の隅に作り付けられた汚くて小さな台所でスパゲッティを茹で、さっと塩コショウに唐辛子とオリーブ・オイルで味付けをして皆で食べるのだが、あれは考えてみれば、いわゆる「〆のラーメン」の感覚に近いものがあった。

だが、たとえ長くて細い麺がちゅるちゅると喉を通過する感覚に相似性があるにせよ、最終的に汁物であるラーメンとスパゲッティでは比較にならない。自分の日常生活のダメな部分にもそっと寄り添って元気付けてくれる、寛大で経験豊富なバーのママのような懐の広さを感じさせてくれるラーメンのような食べ物というのは、実はそんなに世界に存在していないのである。

今やアメリカを初めとする欧米諸国でもラーメン人気は凄いことになっているようだが、ロスではなんとラーメン店だけで三百店以上も存在するらしい。そんなニュースを目にすると「まあ、当然だろうな」という気持ちにもなる。一度口にすると、その圧倒的魅力にハマり込んでしまう。それがラーメンという食べ物だ。

たとえ中国が起源であったにせよ、気に入ったものならそれが他国発祥のものであろうと、自分たちでアレンジしてしまう日本人のただならぬこだわりと根性と執念、そして崇高な味覚の追求があったからこそ叶った、まさに日本を象徴する完璧なソウル・フードが、ラーメンなのである。「日本といえばスシにテンプラ」という時代は、もう終わりつつあるのだ。

ちなみに、ラーメン以外で外国人が気に入った日本の食べ物のトップランクには、たこ焼きやお好み焼きなども入っているそうである。結局、世界のどんな食べ物でも、外からやってくる人に美味しいと思われるのは、その土地の人間がふだん気軽に口にしている庶民のソウル・フードに尽きるのかもしれない。

Ⅱ　世界の〝ＳＵＳＨＩ〟

どうしても海外で生活していると、「一番食べたくなる日本食は何ですか？」という質問を避けることができない。私の場合は食べたいものがありすぎていつも返答に窮してしまう。別に正直に答えたところで、その場でその日本食を出してもらえるわけではないのだから、思い当たるものを何でも答えておけばいいのだろうけど、これがなかなか難しい。

「やっぱり寿司ですか？」と畳み掛けられる場合もあるが、そういう場合は天の邪鬼体質から、「いや、寿司はそれほどでも」と答えてしまう。実際、寿司というのは私が留学を始めた三十五年前と違って、今や世界的市民権を得ている日本食である。

世界の料理が浸透し難いイタリアでも、寿司だけはここ十年くらい地方都市でも食べられるようになった。私の暮らすパドヴァのような街にも、最近は寿司を出す店がいくつもある。パドヴァは観光都市ではなく、イタリアの中でも比較的地味で真面目な人々の暮らす街だし、外国の食べ物に対しておっかなびっくりなイタリアの中でも味覚に対してはさらに保守的な地域だ。

イタリア人にも受け入れられる外国の食事といえば、ハンバーガーのようなアメリカのファストフード以外だと、中華料理だろう。中華料理を出す店はさすがに何十年も前からあらゆる街に当たり前に存在していたし、食に保守的なイタリア人も中華料理だけはたまに食べたくなるらしく、これだけは外来食文化として根付いている。

しかし、このイタリアにおける中華料理屋が、ある時を境目に次々と自らのアイデンティティを捨て、〝SUSHI〟を出すニッポン風の店に衣替えをしたのである。それは、中華料理屋の衛生管理や中国人の不法入国+不法就労が問題になったことが影響をしている。「スローフード」発祥の地でもあって、食材や生産地に殊更こだわるイタリア人は、それが理由で中華料理屋を敬遠し始め、うちの家族も最近は中華料理を食べたがらない。

そんな理由からか、イタリアの少なくない数の中華料理屋は、皆ヘルシーで清潔なイメージのある〝ニッポン料理屋〟に姿を変えていったのである。だから表向きは日本風だけども、経営者も調理人も実は中国人というところが多いのだ。そういった疑似ニッポン料理屋でのメインが、〝ＳＵＳＨＩ〟ということになる。

たとえ調理人が中国人であっても、イタリアみたいな国において、よくぞ生の魚を使った料理が支持されるようになったものだと感心するが、イタリアの〝ＳＵＳＨＩ〟に対する嗜好は、ほぼメディアによってもたらされたものだろう。映画やテレビ、雑誌などのメディアがこぞって食を含む日本文化を取り上げ、〝日本ブーム〟とも言える現象が続いているのだ。

世界中に多くの植民地を持っていたこともあり、もともと食に寛容だったフランスやイギリスの人々は当たり前に寿司を食べるようになったが、イタリア人だけがいつまでも味覚の新境地に一歩を踏み出せないでいたその遅れを、取り戻そうとするかのような勢いが感じられる。

私も何度か家の近所にあるニッポン料理屋へ行ったが、もちろん日本の寿司屋とは比べ物にならないくらいネタのバリエーションは少ない。握りといえば、サーモン、マグロ、ヒラメのような白身魚に茹でたタコ、エビ、カニカマ……。ネタはだいたいこのぐらい。それに加えて〝MAKI〟と称する巻物系がある。これも握りと同じ素材が使われていて、アボカドとカニカマとサーモンを巻く、「カリフォルニア巻き」も人気メニューだ。

イタリアでどうしても寿司が食べたくなったら、こうした中国人が経営する近所の「疑似スシ屋」へ来て、味覚の衝動的わがままを抑えることも今では可能なので、三十年前のように寿司の幻影に悩まされてのたうちまわるということは確かに少なくなった。

＊

魚介の旨みを把握している国ポルトガルのリスボンでは、日本人がやっている美味しい和食屋もあり、この街で食べる寿司はかなり本格的で美味しかった。もともと生魚に対して偏見がないリスボンの人たちの舌は、寿司を吟味できるキャパシティがあるのだと思う。

もちろんリスボンにも「疑似スシ屋」はあるし、そういった店は何と言っても値段が破格に安い。立派な和食屋よりも経済的だから誰でも行くことが出来てポピュラーだが、そこで提供される〝SUSHI〟には、たまに「?」と思う不思議なソースが掛かっている。天ぷらをネタにした寿司には、ドロッとした甘い濃い口醤油が掛かっていたり、さらにその上には細いマヨネーズの筋がヌーベルキュイジーヌ風にお洒落な曲線を描いていたりする。

この「天ぷら寿司」も、いわゆる日本の寿司とは別のものだと思って食べればなかなか美味しい。ちなみにリスボンのこの「疑似スシ屋」の経営者は、中国人ではなくブラジル人だったが、日系人というわけでもない。おそらく日系人の多いブラジルにおいて寿司は、ハワイの「スパムおにぎり」のように（ハワイには「スパム寿司」というのもあるらしいが）完全に現地化した食べ物となっていて、独特かつ新たな進化を遂げ続けているのであろう。

今まで暮らした国の中で、唯一寿司の幻覚にうなされたのは中東のシリアだったが、現在は隣国レバノンのベイルートに寿司屋があるらしい。以前ボランティアをするために訪れたキューバは、かつて配給のパン一個が手に入れば万歳だったが、今では寿司を出す店があるという。近隣のドミニカにもプエルトリコにもあるというから、カリブ海周辺地域でもほぼ寿司に困ることはないだろう。「中国本土ではどうなんだろう？」と思ってネットで検索してみると、鮮魚に緑やトロピカルブルーの色をつけたカラフルな寿司の画像が現れた。

国によって寿司の解釈や楽しみ方はそれぞれでいいと私は思うのだが、それにしても昨今の寿司の外交力と現地適応力には感心するばかりである。寿司を擬人化した漫画でも描いたら面白いことになりそうだ。

＊

つい最近のことだが、姑から「今日はＳＵＳＨＩを作ったから食べに来い！」と招集がかかったことがあった。五十キロ離れた夫の実家まで車を走らせ、お昼時に到着してみると、きちんとセッティングされたテーブルの上にはお洒落な日本料理店のように大きな皿が並べられ、その真ん中には下が白くて上がオレンジ色の四角いものが二つ置いてあった。よく見てみると、それはクリームチーズを四角くかたどったものに、スモークサーモンをＳＵＳＨＩ風に乗せたものだった。姑に、「どう？　故郷を思い出す？　嬉しい？」と聞かれたので、「うん」と答えておいた。

翌日、私は目を覚ますと真っ先に東京の千代田区一番町にある行きつけの寿司屋に電話をし、帰国予定のその日の夜に予約を入れた。生粋の日本の寿司の味を、早急に取り戻す必然性に駆られていたからだが、そうするとやはり、海外で長く暮らしていると最も食べたくなる日本食は、何よりも寿司なのかもしれない、という結論に至るのである。

Ⅲ　日本の「洋食」とはケチャップである

子供の頃、札幌のオーケストラでヴィオラを奏でていた母は、自分の好きな演目が演奏される時、まだ幼い私たち姉妹をコンサートに呼ぶことがあった。しかし母が好きな曲が私たち子供も気に入るとは限らない。三、四曲ある演目のうち面白いのは一曲だけで、あとは至極つまらなかったりするのを、もちろん母もわかっていて、そんな時私たちは練習と本番の間に会場近くにあった不二家のレストランに連れていかれる。好きなものを食べさせてもらえる代わりに、どんなにつまらなくてもコンサートを最後まで大人しく聞くという条件を課せられるわけだが、不二家の美味しい洋食やデザートが食べられるのだったら、メシアンでもシベリウスでもショスタコービッチでもどんな難解な楽曲でも耐えてやる、という気構えが私たちにはあった。

そんなきっかけで始まった私の洋食好きは、五十歳を超えた今も継続中である。今でもデパートなどで食事をする時は洋食屋を選びがちで、ウインドウの中のオレンジや黄や緑の蠟細工に胸をときめかす。

欧州発祥のはずなのに、紆余曲折あって日本で独特の進化を遂げ、日本でしか食べられないものになった不思議な料理が「洋食」である。明治以降に海外からの来訪者のために作られていたものが、その後独自にアレンジされて、ポークカツレツ、オムレツ、カレーにハヤシライス、シチュー、フライにコロッケといったものに形を変えていく。さらに戦後になると〝スパゲッティ・ナポリタン〟のような米国系洋食が日本の大衆食として定着するようになるのだが、日本という国がこれだけ多国籍的な食文化になったのも、きっとこうした洋食の影響もあるのだろう。

＊

この日本の洋食に欠かせない調味料のひとつがケチャップである。

第1章でも告白したように、私はスパゲッティなどのパスタ類があまり好きではない。早いうちからイタリアに暮らし、ひたすら材料費が安くて済む「貧乏パスタ」ばかりを食べていたそのトラウマもあるからなのかもしれないが、イタリアとこれだけ縁のある立場でいながら、基本的にスパゲッティに限らずイタリアンというジャンルにそれほど興味がないのである。

だけど、日本の洋食屋さんや喫茶店にあるケチャップ味のナポリタンだけは頗る大好物で、何気に入った店にナポリタンがあれば反射的に注文をしてしまう。あの輪切りになった緑のピーマンとソーセージ（またはハム）に、加熱したケチャップが絡んだスパゲッティは、店のショーウインドウに飾られた蠟細工を見ているだけでもハッピーな心地になれるのだ。

私たちが子供の頃のナポリタンは、一口食べれば必ず口の周りがべちゃべちゃのオレンジ色になり、服には漂白しきれなかったケチャップのシミが附着している子供も少なくなかった。ナポリタンは給食にも出てきたし、お弁当の付け合わせとしても定着していて、ミートソースと並び日本で人気を得たスパゲッティだと言ってよいだろう。

先にも述べたが、イタリアでの留学初期に、私はこの日本式ナポリタンをアパートをシェアしていた学生たちに振る舞ったことがある。全員が食に保守的なイタリア人だったので、皆テーブルセッティングを手伝ってくれつつも、「イタリアにやって来てまだ間もない東洋の小娘に一体何ができるのか」といった猜疑心に満ちた眼差しを私に向けていた。そこで私がケチャップを取り出したのだから大騒ぎだ。彼らの不安はマックスになり「ストップ！　パスタのソースにケチャップなんて使ったらダメだよ！　バカはやめて！」と、慌てて私が手に握っているケチャップの瓶（イタリアでは瓶売り）を奪い取ろうとする。ケチャップがなければナポリタンにはならないので、私も必死になって「いいから、物は試しで食べてみて！」と彼らを説き伏せ、やっとのことであの日本の洋食の「伝統の一品」を完成させることができた。

皿に盛られたオレンジ色のナポリタンを見つめながら、最初は皆絶望的な表情で黙り込んでいたが、私がさっさとそれを口に運び始めると、一人、そしてまた一人と強張らせた表情のまま食べ始め、そのうちの一人が「あら、思ったほどマズくない」と一言。周りもそれに同調し始め、最終的には全員皿に盛られた分は全て平らげた。「でもまあ、これはイタリア料理ではないよね」という結論ではあったし、もちろんその通りなわけだけど、私は彼らがケチャップに対する偏見を乗り越えてくれたのが嬉しかった。

ただ一つ物足りなかったのは、日本製のパルメザンチーズが手元になかったことである。あの筒に入ったパルメザンチーズは本家本元のイタリアのパルミジャーノ・レッジャーノとは別ものなのだが、ナポリタンやミートソースにふりかけるのであれば、あれ以外にはない。それからというもの私は、日本へ帰国すると必ずあの筒状のパルメザンチーズを調達して持ち帰るようにしている。

＊

他に「加熱ケチャップ味」でイタリア人に受けた洋食といえば、オムライスがある。これはイタリア人の夫が大好物で、シリアにいた時もポルトガルやアメリカに暮らしていた時も週に一度くらいの割合で作っていたかもしれない。おそらく自分の料理史上最も作った頻度が高いのもオムライスだと思う。

オムライスは、チキンライス自体がすでに「加熱ケチャップ味」であり、さらにそれを卵で包んでその上からもケチャップを掛ける、ケチャップと運命を共にした一品だ。ちなみに私はナポリタンにもオムライスにもタバスコを掛けるのが好きなのだが、夫はさすがにその一線は越えない。彼らはケチャップまでは妥協できても、さすがにそこにメキシコ産のタバスコを掛けるという節操のなさは許せないようだ。

ケチャップ自体もそれこそ世界各地のものを食べてきたが、やはり日本の製品が一番私は美味しいと思っている。ナポリタンやチキンライスを作る場合、加熱することを考慮しているのか、日本製のケチャップがとにかく一番相性が良い。ケチャップと並んで洋食開拓期に普及したものにウスターソースもあるが、これも海外に持って行ってフライやキャベツの千切りに掛けて出せば大体評判はいい。ソース焼きそばも海外の人には好評の日本食らしいが、あれも日本の焼きそば用のソースがあってこその一品であり、イギリス製のソースである「リー・ペリン」ではどうにもならないのである。

そう言えば、あのトランプ大統領は大のケチャップ好きで世界どこへ行くにもケチャップを持参するそうだが、今後もしアメリカ政府との交渉を円滑に進めたいのであれば、日本政府はナポリタンかオムライスであの人を接待してみるのはどうだろう。少なくとも私の作った大して上手でもないナポリタンやオムライスでも、あれだけケチャップを嫌悪するイタリア人たちの心を開くことができたのである。もともとケチャップ好きのトランプであれば、きっと美味しいと思ってくれるだろう。今の大統領としか叶わないであろう「ケチャップ外交」の実現にちょっと期待。

Ⅳ　憧れのお弁当

　フィレンツェで画学生として過ごしていた頃、学校から帰ってくると私は、当地で放送されていた日本のアニメーションをかなり熱心に視聴していた。それらはほとんどが私が幼い頃に親しんでいたものだった。今三十代後半から四十代にかけてのイタリア人の多くは、まさにこの時代に放映されていたドラえもんやマジンガーZなどといった日本のアニメーションを見て育った世代である。私がそういった日本製アニメのイタリア語吹替え版の主題歌を歌えることがわかると、「あなたも見てたの⁉」と驚かれることがよくある。十四歳年下の夫と出会った時も、古代ローマやルネッサンスの話と同じくらい盛り上がったのが、アニメのルパン三世の話題だった。

　小学校の四～五年生くらいから関心が薄れてしまった日本のアニメを、なぜ十八歳になった私が再びイタリアで見るようになったのか――その理由はとても明快だ。

当時の私はお金がなくてなかなか日本に帰れなかった。しかし、そうしたアニメには日本との距離を縮めてくれる効果があった。海外で完全な異文化にまみれて生活をしていると、日々容赦なくストレスが襲ってくる。それを日本のアニメは癒してくれるのである。特に、食べ物の描写が出てくると効果は絶大だった。ラーメン、おにぎり、お弁当といったごく一般的な家庭料理。二次元での表現であっても、その美味しさは十分に伝わる。

しかし、そういった日本の食事が、翻訳ではイタリアの別の食べ物に置き換えられてしまい、それが残念でならなかった。

例えば〝おにぎり〟が〝Panino（パンの中に具を挟んだサンドイッチ）〟になっていたり、〝お弁当〟が〝Cestino da Pranzo（お昼ご飯のバスケット）〟になっていたり。ラーメンがスープまたはスパゲッティになっていたこともあった。まあ短いアニメの中でいちいちこだわる箇所でもないので、そのように処理されてしまうのは止むを得ないだろうけど、それにしても私はいつも日本の食事がアニメに出てくる度に、身体の奥底から自分自身が消えてなくなってしまうくらいの大きな溜息をつくのである。

特に私を悶々とさせていたのはお弁当の描写である。

イタリアでも携帯用の食事というのは存在するが、大抵は前述したパニーノ、それにリンゴやジュースなどを袋に入れて「ランチボックス」とするのが常だ。西洋人はもともと携帯する食事に対する思い入れが少ない。貴族レベルの富裕層になれば、ゴージャスで大掛かりな「ランチボックス」もあるのだろうけど、一般的には、外へ携帯して食べるものに美味さを求めてはいけないのである。携帯食は、基本的に作り立ての美味しさとはかけ離れた「マズいもの」という認識が根底にあるのだろう。

それが私は悔しかった。アニメの中に出てくるお弁当を安直なイタリア式「ランチボックス」として扱われてしまうのが。

どうやら当時アニメを見ていたイタリアのチビッコたちにも同じ違和感を与えたらしい。登場人物たちが黙々と食べる、黒や白の三角形のものは明らかに「パニーノ」ではないし、学校でのお昼ご飯に生徒たちが持参している箱状のものの中身は明らかに「ランチボックス」とは様子が異なっている。そこには黄色くて四角いもの、茶色い肉の丸い固まり、タコのような形状のもの……。登場人物たちが箸でつまんでいる、それら小さな箱の中に所狭しと詰め込まれた「あの食べ物はいったい何なのだ?」という疑問が、多くの子供たちの心に浮かんでいたのは間違いない。

＊

私のお弁当への思い入れは、単に日本へのノスタルジーや日本食を容易に口にできない枯渇感からくるものではなかった。実は私はお弁当に対して一種のトラウマがある。

学校は基本的に給食だったが、たまにお弁当を持っていかなければならない日というのがあった。私の母は仕事が猛烈に忙しく、ろくに買物にすら行けない人だったため、冷蔵庫の中は大抵いつもスカスカで、当然彩り豊かなお弁当など用意するのは不可能だった。それ以前に、母にはお弁当に対する執着やこだわりがなかった。昭和一桁生まれの戦争経験者である母は、「食べられればなんでもいいのよ！」というポリシーを持っていて、しかも蓋を開ければ、その中身がその家の経済状況を表してしまうお弁当の持つ性質を嫌っていた。

小学校の低学年だった頃、とある日の私の弁当は、プラスチックの弁当箱いっぱいに詰め込まれた食パンだった。布団のように敷き詰められたそのパンは斜めに切れ込みが入っていて、中には砂糖とバターを混ぜたものが塗り込まれていた。それを見た一緒にお弁当を食べていた友人からは、一斉に哀れみと同情の視線が集まった。
「これあげる」と、皆自分たちの弁当箱の中からおかずをお裾分けしてくれたおかげで、私はお腹を膨らませることができたが、その夜私は帰宅した母に「頼むから、もっと恥ずかしくない弁当を作ってくれ」と抗議した。母は「人の目なんか気にするな。砂糖バターパンだって栄養価のある立派な食事だ」としか答えなかったが、その次のお弁当は、敷き詰められたご飯の上に茶色い鶏のそぼろが一面に掛けられたものだった。母にしては頑張ったのだろうが、とにかく彼女にお弁当の〝演出〟をお願いするのは無理だと痛感した私は、それ以来弁当は自分で作るようになった。

そんなこともあって、外で食べる食事でありながらも、抜かりのない細やかな気配りがなされているお弁当は、私にとって昔から憧れと癒しの食べ物であり、日本の誇る食文化のひとつだと確信している。

今でこそ〝OBENTO〟は世界でも認知度を高めつつあるし、アニメの翻訳でも「ランチボックス」ではなく、そのまま〝OBENTO〟とするケースも増えている。ましてや昨今の日本における、あの芸術創作品と化したかのような「キャラ弁」などは海外のサイトでも紹介されて、人々を驚愕させている。私が所属しているバンドのベーシストのお兄さん（独身）は、大手広告代理店勤務のサラリーマンだが、毎日わっぱのお弁当箱に高級料亭の料理人がこしらえるようなハイグレード食材を美しく盛りつけて出勤しているらしく、それがテレビ番組でも取り上げられていた。

和食は元来見た目や盛りつけも美味しさの演出として欠かせない要素だが、弁当箱という狭い空間の中ですら、和食としてのこだわりがこんなにも徹底されている日本人の食への思い入れはやはり比類ない。

＊

ここのところの毎年の楽しみの一つは、新宿の京王百貨店で催される全国駅弁大会に出かけることで、なるべくその時期を狙って日本に帰国するようにしている。駅弁は、家庭の弁当とは違った趣旨のものではあるが、東西南北どこの駅でもサラミかハムが挟まったパンしか軽食として売られていないイタリアのような国と違い、日本はそれぞれの駅で買い求める弁当にそれぞれの地域性がこれでもかというくらい盛り込まれていて、実に気持ちを豊かにしてくれる。遠方まで出かけて行かなくても、デパートの駅弁大会で各地域の食材を活かしたお弁当を入手するだけで、なんだかちょっとした旅を経験した気分になれるのだから素晴らしい。

単なる腹ごしらえではなく、小さな箱の中に入っていて、しかも携帯食として外で食べるからこそ感じられる美味しさというものを追求したお弁当は、いわば日本の食文化が生み出した小宇宙である。

以前イタリア人のアニメ好き女性が、とある海外の漫画イベント会場で日本製のお弁当箱を取り出し、中に入っているトマトやブロッコリーのサラダを食べているのを見かけたことがある。目が合ったので「OBENTO?」と問いかけると、彼女は照れ臭そうに笑いながら「みたいなもの。子供の頃からとにかくこの箱でご飯を食べることに憧れてたんです」という答えが返ってきた。そして彼女はプラスチックの箱の隅をフォークでカコカコと突きながら、満足そうに食事を終えたのであった。

私や息子のように海外に暮らしていてたまに日本に戻ってくると、コンビニエンスストアやスーパーマーケットの安価なお弁当ですら立派なご馳走である。まあ、生きているうちに一度でいいから、自分のために誰かが熱心に作ってくれた、手の込んだお弁当というやつを食べてみたいものであるが。

V　にぎりめし考

日本に生まれ育った人にとって、たとえどんなに気持ちが荒んでいようとも、落ち込んでいようとも、それさえ差し出されれば心が一気に温まる、そんな食べ物は何であろう。個人差はあると思うが、おそらく多くの人が頭に思い浮かべるのは「おにぎり」ではないだろうか。

このおにぎりという食べ物が私たち日本人にもたらす安心感は、世界がどれだけグローバル化しようとも、きっと他国の人に根底から理解してもらえることはないだろう。昨今の日本には海外からの観光客も増え、中には食費節約の目的かコンビニエンスストアでおにぎりを購入して、道端でそれを頬張る外国人を見かけることもあるが、彼らはこの食べ物をどう解釈しているのだろう。アメリカ人にとってはサンドイッチやハンバーガーみたいなものなのだったりするのだろうか。実際イタリア人たちを引率して日本を旅した時にも、小腹が減ったという人におにぎりを薦めて食べてもらったことがあったが、彼らにとっておにぎりとは、「美味しい／不味い」以前に異文化圏に来たら一度は体験しておくべき、エキゾチックな携帯食という認識だった。

イタリアでの留学生活を始めて間もない頃、当時暮らしていたフィレンツェからローマへ行くために乗った急行列車のコンパートメントで、私は家から作って持って来たおにぎりを鞄から取り出して食べ始めた。といってもフィレンツェの家には炊飯器もなかったので、「おにぎり」とは名ばかりのイタリアのお米を普通の鍋で炊いて、日本から持って来た海苔で包んだ、具も何も入っていないシンプルなものだ。

ところが、このおにぎりを食べ始めた途端、コンパートメントの中が異様な空気に包まれた。海苔から漂うイタリア人には嗅ぎ慣れていないであろう独特な磯臭さのせいもあるのだろうが、彼らには私がむしゃむしゃ頬張っているものが何なのか、一見しただけではわからない様子だった。私の向かいのシートには就学前の小さな男の子と、その隣には彼のお母さんが座っていた。目を細めてじっと私の食べているものを見つめていた男の子が、小さい声（と言っても周りにも聞こえる）で、「ママ、あの人、子供のアタマみたいなもの食べてるよ……」と恐る恐る呟いた。「違うのよ！」と即答出来ずに戸惑うお母さんと、他の乗客の目も気になったので、私は「これは白いお米を丸めたものを海藻で包んだものです」と説明をした。すると皆の表情はとたんに緩み、「ほら、ナポリでもトマトで煮込んだ米を丸めたコロッケがあるじゃない」だの、「トスカーナでは米とミルクを煮込んだクリームの入った菓子がある」だの、米を加工したイタリアの食べ物について話し始め、一気にうるさくなった。

うちの子供がポルトガルの学校に通っていた時、ものは試しでお弁当としておにぎりを持たせたら、帰宅早々「もの凄く面倒なことになったからおにぎりは今回で最後にして」と言われてしまったこともある。外国でも中には、「ああ、あの日本のアニメでよく登場人物が食べている白黒のやつね⁉」とか、「日本映画で見た時からずっと何なんだろうと思ってたやつだ！」という反応をする人たちもいる。かといって、そういう人たちに張り切っておにぎりを振る舞ってみても、やはり黒々として独特の臭いを放つ海苔にハードルの高さを感じるのか、そんなに美味しいと感じるものでもなさそうだった。

そんなわけで、これだけ長い間海外に暮らし、外国人の家族を持っても、おにぎりは日本人である私のアイデンティティをはっきりと浮き彫りにする食べ物であり、おにぎりに対する思い入れは、自分だけにしかわからないものとして今に至っている。

＊

母子家庭で母が留守がちだった我が家では、おにぎりは私と妹の常食だった。母は自分がコンサートで遅くなる時は必ずおにぎりを握ってテーブルの上に置いていく。それ以外におかずを買うための千円札が、おにぎりの皿のそばに彼女の手紙と一緒に添えてあるのだが、真面目な妹と違って私は、折半した五百円で漫画や本を買ってしまうから、大抵いつもおにぎりだけしか食べるものがなかった。

でもだからこそ、二つしかないおにぎりは私にとって世にも尊い食べ物だった。炊けたお米をお茶碗に盛って食べるのと違って、おにぎりはその形状から、お米を握った人の温もりを想像させてくれるのも私にとっては大きかった。おにぎりを好物としていた放浪の画家山下清は、お腹を満たす事もさることながら、おにぎりを通じて出会う人々の温もりを摂取していたのだろう。

とはいえ、母の作るおにぎりは、そんなに完成度の高いものではなかった。中身は大抵梅干か醬油で浸した削り節。同じ削り節が当時飼っていたネコの茶碗にも掛かっていたりするから、我々が特別扱いを受けていたというわけでもない。そしておにぎりの形状はというと、ことごとく丸い。そこにびっしりと隙間なく海苔が貼られているので、見た目は真っ黒である。

だから、よく遠足などで友達のおにぎりが綺麗な三角だったりすると、猛烈に羨ましかった。その三角形の底辺にきれいに長方形の海苔が貼られているのを見て、「おにぎりとは本来こうあるべきだ！」と感じた私は、三角形で、海苔で全てを覆わないおにぎりを作ってくれと、母に頼んだことがある。

しかし、母がいくら頑張ってそれらしくしようと思っても、なぜか完全な三角には握れないのを見て、何とも言えない気持ちになった。母は途中で「ダメだ、無理！」と投げ出してしまったが、私は自分で練習して三角形のおにぎりを握れるようになった。それ以来おにぎりを作ろうと思うと、自然に手は三角形を握る形になってしまう。おにぎりというのは、一度一定の形で握るのに慣れてしまうと、他の形状にするのはそんなに簡単なことでもないらしい。

形だけではなく、握る時に手のひらにまぶす塩の量（人によってはおにぎり用のお米に塩を混ぜてしまう場合もあるらしい）、海苔の貼り方、出来たおにぎりを包むもの、そして何より米を握る時の力加減。おにぎりは、それを作る人の人間性や育った環境がはからずも露わになってしまう、人様の家の押し入れの中をのぞいてしまうような食べ物なのである。

かつて遠足の時にお友達とそれぞれのおにぎりを交換してみたことがあるが、その時私に当たったおにぎりは、ラップに包まれた小振りの三角形で、表面にごま塩が振ってあるものだった。デパートの包装紙で直に包んだ、黒くて丸い母のものとはまるで違うのは形だけではなく、味も食感も何となく違った。気になったのは、お米からほのかに微量の石鹼の風味が感じられたことだ。なにかとガサツな私の母と違い、そのおにぎりを握ってくれたお母さんはきっととても几帳面で、清潔好きで、お弁当作りも一生懸命やってくれる人なのだろうな、という想像が私の頭を過った。

私のおにぎり好きは今も変わらず、イタリアと日本を往復するために長時間飛行機に乗る時は、機内食を断ってコンビニで調達してきたおにぎりを食べることが多い。おにぎりは携帯食でありながら、お弁当と違ってゴロッと鞄の中に転がしておけるし、好きな時に取り出して手を汚すことなく食べることができるという利点がある。

どこへ行くにしても、いざという時のために自分の鞄の中におにぎりが入っていると思うとホッとするのは、おにぎりにはやはり他の食べ物にはない温もり感があるからなのかもしれない。そう言えば、ハワイ暮らしの自分の息子に「日本に帰った時ってまず最初に何を食べたくなる？」と聞いたら、やはり「おにぎり！」と即答された。おにぎりは、我々日本人にとって〝癒し番長食〟なのである。

Ⅵ　キング・オブ・珍味

うちの子供は「イタリア生まれの海外育ち」だが、食に至っては完全な和食党である。そんな彼の好物の一つに〝めふん〟の塩漬けというものがある。

イタリアから一時帰国した際に住んでいた北海道で、当時懇意にしていた新聞記者のご夫婦のお宅によくお邪魔をすることがあった。ご夫婦はそれぞれ北海道の沿岸地域出身。お酒を嗜んでいたこともあり、食事となると北海道らしい酒の肴が振る舞われたのだった。〝めふん〟を初めて食べたのもこのお宅でのことだったが、就学前から息子が酒飲み的珍味を嗜好するようになってしまったのは、明らかにこのご夫婦の影響だろう。

ちなみに〝めふん〟とは、鮭や鱒の中骨の内側についている血腸（腎臓）のことである。北海道の人であればその名を聞けば〝めふん〟がどんな食べ物なのかがわかるのかもしれないが、日本の他の場所でこれと同じものがよく食されているのかどうか私にはわからない。ただ、私もこの北海道の珍味が大好きで、居酒屋などで辛口の日本酒を飲んでいると、時々無性に食べたくなることがある。

〝めふん〟のように、日本には地域の特色を反映した美味しい珍味が随処に存在するが、そこまでニッチなものではなくても、秋の深まるちょうど今頃の時期に日本へ帰ってくると、血湧き肉躍るほど食べたくて食べたくてたまらなくなるのが、白子である。

私の白子好きは友人や付き合いのある編集者たちにもよく知れわたっていて、彼らと一緒に食事をする機会があると、白子を美味しく頂ける店を選んでくれるのがありがたい。一度、「痛風なのでプリン体を多く含む食べ物を全て控えているんです」という編集者が、わざわざ私のために白子だけでなくあん肝や魚卵の美味しい店を用意してくれた時は大変気の毒だったが、最終的には彼のために出てきた分も私が全て平らげた。「女性も痛風になる人はいますよ」と一応警告されるも、あまりに全てが美味しくて、そんなことに気を配っている場合ではなかった。

白子の食感の滑らかさととろみ、まったりとしたコクのある味は、珍味好きの私の中でも「キング・オブ」のレベルに達しているが、スケソウダラの細かい襞のものよりはやはりマダラのぷりっとしたものが好みだし、フグの白子を軽く炙ったものは、薄皮に包まれた中身が、アツアツクリーミーで、一度食べればクセになる絶品だ。

イタリアの家族や友人に、私の好物はタラなどの魚の精巣だと言うと、もの凄く大袈裟に驚いた顔をされたりするが、「だってあなたたちだって卵巣を食べるでしょうよ」と言うと、「⁉」とすっ惚《とぼ》けた表情をする。イタリアでも地域によって嗜好される珍味の種類も違ってくるが、もはやカラスミはイタリア中でポピュラーな珍味食材として、レストランや家庭で普通に用いられていると言っていい。とはいえ、カラスミは見た目も食感も決して奇抜ではないし、さすがにイタリアでは日本ほど際どい珍味の存在は思い当たらない。

サルデーニャ島名産のウジの湧いたチーズが世界規模で有名なイタリアの珍味とも言えるが、ナマコやホヤのような、ただでさえグロテスクな見てくれの海産物の内臓を塩漬けにしたり、イナゴや蜂の子といった昆虫を煎ったり煮たりして食べる、というようなものは、どこにもなさそうだ。

昆虫食については、東南アジアや南米などすでにそれが当たり前になっている地域もあるが、将来的に貴重なタンパク源という触れ込みで、ベルギーなどヨーロッパ北部の国で盛んに推奨され始めている。テレビの取材で、ミラノで開催された食の万博に行ったことがあるが（後述）、そこではコオロギの粉を使ったクッキーやパンというのを食べてみた。普通に美味しかったので、そばにいたイタリア人コーディネーターにも一口薦めてみたが、「その時期がきたら食べる」と眉間に皺を寄せた表情で頑に拒絶された。

＊

ちなみにイタリアのトスカーナなど特定の地域では、タラの精巣である白子とそっくりな味の食べ物がある。仔羊の「脳味噌フリット」である。貧乏画学生だった私は、なかなか帰れない遠き日本の大好物に思いを馳せながら、同じような食感の仔羊の脳味噌フリットを時々食べていた。さすがに生ではなくフリッターにして振る舞われるのが常だが、その見た目も味もどこか白子の天ぷらを彷彿とさせるものがある。

日本で「仔羊の脳味噌のフリットが美味しくて」などと言うと、「あなたってなんて酷い人なの⁉　可愛い仔羊の脳味噌を食べるなんて！」という非難の眼差しを向けられることもあるけど、そもそも羊という生き物は、古代から人間にとって欠かせないタンパク源。脳味噌から生殖器に至るまで、余すところなく丸ごと食べてしまえる動物なのである。沖縄でも豚は食べられない部位はないと言われるが、羊の場合は羊毛も貴重であることを考えると、人間の文明を支えて来た偉大なる動物なのである。

しかし、ハチノスやギアラといった牛の臓物を日頃嬉しそうに食べているトスカーナの人々が、誰でも仔羊の脳味噌を好いているかというと、決してそうではない。脳味噌はやはり他の臓物とは用途が違うという先入観があるからか、見た目だけで拒絶反応を起こす人がいるようだ。確かにないと困る食材ではないし、食べたくてたまらないというほどでもないけど、白子の食感と味を知っている日本の人には、一度経験してもらいたい食べ物ではある。

フィレンツェにいる時に初めて知り、虜になった食べ物の一つに、牛の骨髄がある。この骨髄が食べられる骨付き肉の煮込み料理「オッソブーコ」は、直訳すれば「骨の穴」という意味である。一回の調理でティースプーン一杯分の量しか食べられないこの骨髄こそが、オッソブーコのメインだと言われている。イタリアの家の近所でレストランを営んでいるオヤジに「オッソブーコの周りの肉はいらないから、骨髄だけを茶碗にてんこもりにして食べたい」と言ったら、「スプーン一杯分だからこそ、これはおいしいんだ！」とピシッと言われたことがあった。

大量に食べることが叶わないからこそ、珍味は珍味なのだろう。それは、日本でもイタリアでも変わらないようだ。

積極的に口に入れる気にならなそうな食材や動物の部位ではあっても、秘めたる美味しさがあるものが世間では珍味とされる。しかし、フォアグラやフラミンゴの舌、メス豚の子宮や乳房までを食材として、宴の席で口にしていた古代ローマ人にしてみたら、この「珍味」という概念自体理解できないかもしれない。

料理にはイワシやウツボの魚醤が欠かせなかった彼らのことならば、めふんも酒盗もこのわたも、白子もカワハギの肝も、「これは美味い！」と思わず膝を打っていた可能性もある。古代ローマ人には、ぜひ日本の温泉とともに日本の珍味も試してもらいたいところだ。

Ⅶ　スナック菓子バンザイ！

日本はスナック菓子大国である。アジア圏はどこも大体スナック菓子が充実してはいるが、日本ほどの種類の多さとクオリティの高さを感じさせる国はない。

アメリカといえば、ポテトチップスやポップコーン発祥の地でもあるわけだし、さぞかしスナック菓子の種類が豊富なのだろうという勝手なイメージを持っていたが、実際一時期この国で暮らしてみてわかったのは、確かにスーパーマーケット内でスナック菓子の棚が占める割合は大きいけれど、それは決して種類が豊富だからではなく、それぞれの商品のサイズが巨大でカサがあるからだった。枕みたいなサイズの袋に入ったポテトチップスも普通に家庭用として売られていたが、決して日本のように、多種多様な種類のスナック菓子があるわけではないのだ。

シカゴの我々のマンションのすぐそばに、「ギャレット・ポップコーン」という店があって（日本でも何カ所かにお店があるらしいが）、その前にはいつも長蛇の列が出来ていた。気温がマイナス二桁の時でさえもそこには列があった。凍え死ぬリスクを背負ってもシカゴの住民が食べたくなるポップコーンならば、一度は食べてみるしかないと思って、私もある日家族にバカにされつつも行列に並び、二種類の味付けが混ざった「シカゴ・ミックス」なるものを入手した。確かに美味しい。あとを引く美味しさなのだけど、そうしょっちゅう食べたくなるものかというとそれとも違う。チーズコーンのソースでベトベトになった黄色い指を舐めながら、そう言えば日本では「バター醤油味」という絶妙な味覚のポップコーンがあるんだよなあ、などとないものねだりのひねた思いを頭に巡らせる。

今さら強調するほどのことでもないが、日本人というのはとにかく舌が肥えている。当地で食べるイタリア料理よりも、日本人シェフの作ったイタリア料理の方がよほど美味しい、などと感じてしまう人も少なくない。それと同じことが、ポテトチップスやポップコーンにも起こる。本国に行けば本場の美味しいものを食べられるのかというと、もうそんな単純な公式は成り立たない。

中東から欧州、中国、南米、南太平洋の島々に至るまで、世界の国々でいろいろなスナック菓子を試して来た結果、私にとってどこよりも美味しいポテトチップスは、やはり日本製のものである。日本のポテトチップスは味覚にこだわりがあるだけでなく、その食感までもが徹底的に追求されている。ジャンクフードと称されるものなのに、このこだわり方は比類ない。

一九六〇年代生まれの私たちの世代がかつて中高生だった頃、友達の家に集まる時は必ずスナック菓子を持参した。部屋の真ん中に袋を裂いたスナック菓子やお煎餅などを広げ、それらをつまみながら、当時世に出たばかりのペットボトルのコカコーラで流し込む。油っこくて不健康極まりない青春の思い出の一場面だが、では大人になればスナック菓子の摂取量は減るのかというと、決してそんなことはない。五十歳になってもスーパーやコンビニのスナック菓子が並べられた棚の前でしばらく佇んでしまう私のような人も、結構いるはずだ。

ちょっと何かしょっぱいものが欲しい、と感じた時の選択肢が、とにかく日本には多いのである。ポテトチップスのようなオーソドックスな定番から、かっぱえびせんやカールのような昭和の高度経済成長期に生まれた膨大な数のスナック類、餅米が原材料のトラディショナルな煎餅やあられ、柿の種。それだけではない。エビやイカなど海鮮の風味を生かした薄焼き煎餅に豆菓子、魚介類の薫製やチーズ類。じゃがいもを原料にナチュラルな味覚を生かした絶妙な食感のポテト菓子、インスタントラーメンを砕いて味付けしたもの、子供でなくてもたまに頰張りたくなるうまい棒（特に明太子味）……。思い浮かぶだけ挙げてみたけれどきりがない。しかもそれぞれにいくつものテイストがあることを考えると、日本のスナック菓子の懐の深さを感じさせられる。

高級な寿司を堪能しながら、こうしたジャンクフードも楽しめる日本の人の味覚の節操のなさ、もとい、寛容性は全く世界最強である。もちろん中には「スナックは身体に悪い。邪道だ」ということで、一切口にしない方もいらっしゃるだろうけど、少なくとも私の周りの中年たちは、セーブはしてても結局目の前にスナックが出れば手を伸ばしてしまうのである。

＊

イタリアでは、塩味の利いたスナックの種類が実に乏しい。ポテトチップス、ポップコーン、ナチョスのような米国経由のスナックに、やっとチーズ味のコーンスナックがいくつか。でもそれらも正直、日本のカールなどのレベルには至っていない。それから酒のツマミによく出されるのはドイツから輸入したプレッツェル。イタリアのオリジナルでいえば、あとは硬いパンやクラッカー的なものしかない。

グリッシーニという北イタリアで古くから食べられている細長い乾パン状のものや、南イタリアでよく食べられているタラーリというドーナツ状の丸い乾パンはスーパーでも幾つかの種類が売られている。それぞれ、トマト味だのオリーブ・オイル味だのいろんなテイストのものが製造されているが、日本人の舌にはどこか素朴過ぎて物足りない。ナポリで出来たてのタラーリを食べた時は、思わず声が漏れるほど美味しかったけど、あの美味しさの半分は、風光明媚なナポリ湾を見ながら食べたという気持ちの問題によるものだろう。

ということをイタリア人の家族に言うと、「あんたは中に何が入っているかわからんペットフードに病み付きになってる哀れな動物と同じだ」などと呆れられる。確かに日本のスナック菓子に比べれば、イタリアのこうした素朴なスナックのほうが間違いなくヘルシーだし、私だってできればグリッシーニや乾パンだけで満足できる人になりたい。しかし、漫画の原稿で追いつめられていたり、疲れた時にもの凄く食べたくて我慢できなくなるのは、煎餅やうまい棒の明太子味やベビースターラーメンといった日本のスナックなのである。

毎回日本からイタリアへ戻る時、私のスーツケースの片面はほぼスナック菓子で埋め尽くされている。家に到着し、スーツケースを開くと、中を見た夫から「信じられない……」と眉を顰められたりもするが、エアパッキンの役割も果たしてくれるので便利なのだと言って軽くかわすようにしている。でもそれらは、食べた瞬間に緊張やストレスから解放してくれたり、同時に創作への集中力を高めてくれたりする、お風呂と同様に私にとっては大事なエネルギー源でもあるのだ。夫の理解など必要ない。

高級食材と技術によって味覚を極める一方、ジャンクフードでも食感や味の多元性を楽しむ日本人は、つくづく食に容赦のない民族である。

第3章

それでもイタリアは美味しい

I　「万能の液体」オリーブ・オイル

イタリアの家庭において絶対に切らしてはいけない調味料といえば、オリーブ・オイルをおいて他にない。

いざ料理する段階となって、オリーブ・オイルを切らしているのに気付くイタリア人で、軽いパニックになる人は少なくないはずだ。実際私も、舅が最後のオリーブ・オイルを使い切っておきながら、新しいのを補塡しなかったことに姑が激怒して、その日の食事の準備を放棄してしまったのを目のあたりにしたことがある。

かといって、慌てて近所のスーパーで買ってきたところで、事態が円満に修復されるとは限らない。イタリアではその家庭それぞれにオリーブ・オイルへのこだわりというのが強くあり、どこのものでもいいということは決してない。例えば我が家の場合であれば、オリーブ・オイルはスーパーなど小売店で購入するのではなく、二世代前から世話になっている農家から分けてもらっているものを使うのが定番だ。どんなに高級で高いオリーブ・オイルを買ってきても、喜んで使ってくれるわけではないのである。

イタリアのサッカーのナショナルチームが海外に遠征する時に、専属の調理師を伴っていくのは有名な話だが、その時に携帯する調味料として絶対に欠かせないのがオリーブ・オイルである。それもおそらく慣れ親しんだものでなければいけないはずだ。選手によっては自分のコンディションの不調をオリーブ・オイルの味が普段と違うことを理由にしたりもするだろう。もし、普段使っているものが入手できない場合は、せめていつも使っているのと同じ生産地域のもの、それが厳しければせめてイタリア国内のもの、という優先順位になるだろう。

十年ほど前、当時暮らしていたポルトガルからイタリアの実家に持ってきた、お薦めのポルトガル産オリーブ・オイルは、いまだに台所の棚の中にしまわれていて、使われる気配はない。オリーブ・オイルはワインと並び、彼らにとって極めて保守的な食材なのである。

日本だと「オリーブ・オイルごときでそんな大袈裟な」と思われる方もいるかもしれ

ない。例えば醤油にしても、決して全ての料理に使う訳ではない。しかしオリーブ・オイルに関しては、あらゆるイタリアの食事にとって必要不可欠なものなのだ。パスタでもスープでも調理の段階で用いるだけではなく、食べる直前にも、さらにオリーブ・オイルを上から垂らす。ドレッシング文化のないイタリアでは、サラダを和えるのにもオリーブ・オイルは欠かせないし、肉や魚がどのような形態で調理されても、その上にはやはりオリーブ・オイルが掛けられる。

私が貧乏学生時代によく食べていた「アーリオ・オリオ・エ・ペペロンチーノ」にしても、オリーブ・オイルさえそこそこ美味しければ、かなり贅沢な気持ちになれる。

古代ギリシアや古代ローマの人たちは、朝ごはんにオリーブの実を食べたり、オリーブ・オイルの掛かったパンを食べていたとされているが、「地中海人」たちの徹底的なオリーブ・オイルへの執着は、おそらくあの頃から培われたものなのだろう。

＊

イタリア人がオリーブ・オイルなしでは生きて行けないもう一つの理由は、その多様な使い道にもある。

例えばイタリアでは火傷をすると、応急処置として患部にオリーブ・オイルを塗るという風習が残っている。大学時代、同じアパートで一緒に暮らしていた南イタリア出身の女子学生が、パスタを茹でたお湯が掛かって火傷をした私の指に、「これ効くから！」と実家から送られてきたという濃厚なオリーブ・オイルを塗ってくれたことがある。それを目の当たりにした時は、一瞬焼け石に水的な、何とも懐疑的な印象を持ったものだが、実際その火傷はそれ以上酷くはならなかった。

信憑性を確かめるために他のイタリア人たちにも聞いてみたところ、子供の頃に火傷をすると、母親やお婆さんがすぐにオリーブ・オイルを塗ってくれたことがある、という経験者は少なくなかった。オリーブ・オイルは火傷の応急処置として、おそらく随分古い時代からかなりの広範囲にわたって用いられてきたようだ。

もともと地中海沿岸の地域で、三千年も四千年も前から搾り取られていたというオリーブ・オイルだが、我々はオリーブ・オイルと聞くとすぐにイタリアや南フランスなど南欧料理には欠かせないもの、と思いがちである。しかし、オリーブ・オイルの世界は私たちが考えている以上に、遥かに広く深い。

以前暮らしていたシリアでは、ビザンチン時代から栽培が続いているという広大なオリーブ畑を訪れたことがある。しかも、そのシリア産の素朴なオリーブ・オイルは、イタリアの特産地の名品よりもはるかに美味しかった。

シリアでもオリーブの活用法は多岐にわたり、料理用油に留まらない。純度の高いオリーブ・オイルを使って、石鹸なども製造されている。紀元三世紀のパルミラ王国の女王ゼノビアが、その絶世の美しさを保つために、その「オリーブ石鹸」を愛用していたという伝説が残っているくらいだから、オリーブという果実が古代から貴重で重要なものとして扱われていたことが窺える。

ちなみにエクストラヴァージン・オイルに含まれている「オレオカンタール」という成分は、風邪薬に入っている抗炎症剤と同じ効果を発揮することも知られているし、主成分のオレイン酸は便秘にも効くという。その他にも様々な画期的利点があるとされる「万能の液体」だが、かつてカエサルがとある戦いで勝利をした記念に、軍人一人当たりにつき二ガロン（約八リットル）ものオリーブ・オイルを提供したそうだ。私は古代ローマのパワーの秘訣がお風呂だったという漫画を描いたが、実はオリーブ・オイルの効果というのも、そこには相当関与していたのかもしれない。

そう言えば、時々イタリア以外の国のイタリア料理店に入ると、小皿に注がれたオリーブ・オイルとパンが出され、テイスティングを促される時があるが、あれはイタリア人からしてみると、わけがわからないらしい。

シカゴ在住時、ダウンタウンにあった近所のイタリア料理店へ行くと、客が皆パンを千切って小皿のオリーブ・オイルに浸し、それを美味しそうに食べているのを見て、「なんであんなことするんだろう」と、まるで古代ローマ人が蛮族の邪道を目のあたりにしたかのように、夫はクククと笑いを堪えていた。彼らからすると、オリーブ・オイルがあまりにも生活に浸透した調味料だけに、あえて特別扱いするものでもないのだろう。でも、私はあの食べ方が好きなので、蛮族扱いをうけようとなんだろうと、今でもよくやっている。

Ⅱ　酸っぱいだけじゃない！

嫌いというわけではないのに、オレンジやレモンなど酸っぱい果物が食べられない私だが、梅干など塩漬けにしたりした酸っぱい食べ物は、なぜか全く平気である。カルパッチョや生牡蠣にレモンを掛けるのは控えたいが、ビネガーのようなお酢であるのならば全く問題はない。

ちなみに梅干に関しては好物と言っていい。毎年、友人が送ってくれる和歌山県南部の絶品梅干は、切らすと軽いパニックになることすらある。ちなみに梅干の酸っぱさは、果物に特有のクエン酸だそうだから、クエン酸が全くダメというわけでもないのかもしれない。洋酢と呼ばれるワインビネガーも、もともとは葡萄から作られたものだが、あれも平気である。自分の身体がどうなっているのかさっぱりわからないが、要は発酵させたり、梅干のように時間をかけたものの酢っぱさであれば、私の味覚も寛容になるのかもしれない。

ワインビネガーと言えば、イタリアの食文化には欠かせない調味料である。イタリアのレストランでサラダを注文したことのある人ならご存じだと思うが、あの国では野菜用のドレッシングは食べる直前に自分たちで調合する。テーブルの上に置かれたオリーブ・オイル、ビネガー、塩コショウを好みのあんばいで混ぜてから、サラダに掛けて和えるのだが、複数の人間で食べる場合、調合をする人は「自分流でいいですか?」と周りに断ることになる。人によってはオリーブ・オイルをこれでもかというくらい掛ける人もいるし、ビネガーをたっぷり振り掛けた酸っぱい味を好む人もいる。種類にもよるが、私はビネガー多めの味付けが好みである。

ワインビネガーには赤と白がある。スーパーマーケットの棚に透明なガラス瓶に入って売られているのを見ると、中味もワインそのものに思えたりすることがあって、「ビネガーってのは、そもそもワイン酵母でできているんだよな……」と思い出すのである。姑の家ではよく長期間放置されたワインが酸っぱくなってしまい「もうこれは飲めない。お酢として使うしかない」などという言葉が聞かれるが、ビネガーはそんなふうに家でも作れてしまうお酢なのである。

＊

我が家ではバルサミコ酢もよく使う。ビネガーと同じ葡萄が原材料だが、こちらは醸造過程で煮詰めるので、酸っぱさは抑えられ、どちらかというと甘い。

日本でもバルサミコ酢はすっかりメジャーになったが、その昔、まだ日本に「イタ飯」と称されるブームが到来する以前から、私はバルサミコ酢に首ったけだった。首ったけすぎて、貧乏学生の分際でモデナの古い醸造所まで行き、小さなボトルに入った熟成何十年という貴重なバルサミコ酢を調達したこともある。特に気に入っていたのは、スライスしたパルミジャーノ・レッジャーノに、この甘酸っぱいどろりとした液体を垂らした食べ方だ。最近は白いバルサミコ酢というのも出回っていて、なかなか気に入っている。黒いものよりさっぱりしているので魚介や鶏肉などにも合うし、日本の米酢がない時にこれを白米に混ぜて酢飯にしてみたら、それなりに美味しくなることもわかった。かなり重宝する調味料である。

とはいえ、イタリア人にとってバルサミコ酢はそれほど重要性のあるものではない。

そもそも彼らはバルサミコをお酢というより、料理に小洒落感を演出するソース、という捉え方をしているところがある。お酢といえばやはり酢酸を一定量含んだ酸っぱい液体を意味しているので、バルサミコはお酢の代用にはならないし、うっかり切らしてしまった場合はレモンを使う。バルサミコはなくてもなんとかなるけど、ビネガーがないとなるとちょっとした問題になる。なぜならイタリアの人々にとって、ビネガーには単なる調味料以上の多様の役割があるからだ。

欧州の多くの国では、水道水に石灰分が含まれている。なぜ日本でこれだけ普及している自動洗浄便座が、欧州では普及しないのか疑問に感じていた時期があったが、実際デンマークの友人が日本に来た際にこの洗浄便座を購入して自宅に設置したところ、間もなく石灰が詰まって使い物にならなくなってしまったという。確かに、シャワーもしばらく使っているとお湯や水の噴射の方向が乱れてきて、最終的にはシャワーヘッドの穴のほとんどに石灰が詰まって使い物にならなくなる。水回りだけでなく、お湯を沸かすポットなども同じだ。我が家で使っていた電気式の湯沸かし器など、真っ白な石灰が厚い層となって付着し、お湯を注ぐとその石灰の粉や切片が混入してしまい、お茶などの飲み物が不味くなる。

そんな時に大活躍するのがビネガーなのである。ポットにたっぷりビネガーを満たして一晩ほど置いて洗ってみると、驚くほど石灰が剝がれ落ちてゆく。お酢には石灰質を分解する効力があるらしい。

それだけではない。たとえば生魚を調理した時など、手に付いた臭いを取りたい時にもお酢は活躍してくれるし、ふきんなどの消毒、殺菌にも欠かせない。食洗機などを洗う時にもお酢を用いると、内側に付着した石灰質を分解しつつ殺菌もしてくれるので、イタリアの主婦たちはせっせとお酢で掃除をする。うちの姑はガラスや鏡の汚れを拭き取るのにもお酢を使っているし、人によってはPCやテレビの液晶をきれいにするのにお酢を使うらしい。こんな具合に家の掃除全般は、お酢さえあればこと足りてしまうのである。

掃除だけではない。知り合いのお婆さんは、「お酢で時々顔を洗うとさっぱりするのよ！」と得意そうに話していたこともあった。花や植物にもお酢を垂らすと良いと聞いたこともある。これに健康食品としてのメリットも加えれば、オリーブ・オイル同様、お酢もまさに「万能の液体」ということになる。万能過ぎて、時々人様の家そのものがビネガー漬けのような臭いを漂わせていることもあるが、慣れてくるとあの酸っぱい刺激臭も気にならなくなるようだ。

お酢の万能性は古代人も把握していて、はるか昔から病や外傷の治療やミイラなど死体の保存にも使われていた。博物学者プリニウスは『博物誌』の中で、お酢を金属と反応させると緑色の顔料になることを記録している。もちろん調味料としても使われていたし、ワインが酸っぱくなってしまった時には、煮詰めて「サパ」と呼ばれる甘いシロップにして食べていたこともわかっている。

そう言えば、かつて私のパートナーだった口の悪い詩人は、よく「あいつはもうどうしようもない。古臭い」と言いたい時に「ソット・アチェート」という表現を使っていた。イタリア語で「酢漬け」という意味である。決して彼が生み出した比喩ではなく、もともと存在していたものらしいが、ミイラや死体を保存するためにも酢が用いられていたことを考慮すれば、ひょっとすると随分古くからあった表現なのかもしれない。お酒を放置しておけば酸っぱくなり、それはそれで用途がある、ということはもう大昔の人々も知っていたわけだが、「古い」という形容にも使われるくらい我々の日常に浸透しているお酢は、人類の文明とともにある調味料なのであった。

Ⅲ　優しいスタミナ食

子供の頃は動物の絵ばかり描いていた。幼少期に北海道へ引っ越したことがそこに大きく影響しているとわかるのは、私が描くのは猫や犬といった一般的な人間の生活環境にいる動物たちではなく、牛や馬といった北海道経済を支えてきた家畜たちか、白鳥や鹿といった原生林に住まうワイルドな生き物オンリーだからだ。家から十分も車を走らせると、そこには広大な牧草地や草原が広がっていて、草を食むホルスタインや競走馬として育てられている馬たちが、広い空の下で生き生きと暮らしていた。

北海道という土地は、人間への興味よりも、大自然と一体化して生きる動物たちへの関心を幼い私に植え付けてくれたわけだが、大人になってからはそうした牛や馬へのシンパシーは、彼らの「お肉」へと移行した。

イタリア・ヴェネト州にある夫の実家近辺の地域では、馬肉がよく食される。しかし、別の州からやって来る客人の中には、姑が郷土料理だと得意気に振る舞う馬肉を、「う、馬はちょっとムリ……」と避ける人も少なくない。

日本と同じように、イタリアでも全国的に馬肉食の習慣があるわけではない。私もフィレンツェに暮らしていた学生時代、馬肉など一度たりとも口にしたことはないし、売っているのを見たこともなかったが、結婚をして間もなく、貧血が酷かった私に姑が塊で買って来たのが馬肉だった。それまでは、馬肉がその土地の名物だとは知らなかった。

彼女はそれを手際良く細切れにし、香草とトマトソースとワインで煮込んだ“Spezzatino”というイタリアの定番肉料理に早変わりさせたわけだが、食いしん坊で肉が大好きな私でも、やはりその時は若干躊躇せざるを得なかった。なぜなら、その頃私は短期間であったが、近所の乗馬クラブに通って馬たちと心を通わせ合っていたからだ。イタリアで初めてウサギの肉を食べさせられた時よりも、ハードルが高かった……。

躊躇の表情を見せる私に対して、「そんなに私の料理が嫌いか⁉ そんなに食べたくないのか⁉」と迫ってくる姑の気迫に負けて、最初の一口を恐る恐る食べてみたわけだが、この姑プロデュースの“Spezzatino”が意外に癖もなく美味しくて驚いた。

姑は決して料理の上手なイタリア女ではないし、そもそも料理に対する熱意も愛情もイタリア女には珍しく欠落している。そんな彼女が一切の手間をかけずに有り合わせでこしらえたにもかかわらず、おかわりをしたくなる美味しさだったので、私はその一皿によって料理手の意気に構わず美味しさを発揮した馬肉の威力たるものを、しみじみと感じさせられたのである。と同時に、馬たちと仲睦まじく過ごす乗馬と、馬肉の美味しさは全く別次元のものとして解釈するしかなかった。

＊

馬肉は、他の肉と比べると滋養強壮効果がとても強いらしい。タンパク質つまりアミノ酸も豊富、カルシウムにおいては牛肉・豚肉の三倍だという。姑が私の貧血改善の為に調達してきたことからもわかるように、鉄分の含有量に関してはほうれん草やひじきより多く、豚肉の四倍。ビタミン類もやたらと豊富で、薬膳料理にされるほど。肉の優等生なのである。姑の生まれ育ったその地域では、昔から当たり前のように食されてきたのが馬肉であり、妊婦さんや病気の人に率先して振る舞われていたという。

初めて熊本県で本場の馬刺を口にした時も、その絶妙な舌触りや口溶け感に心奪われて、東京に滞在している間も馬刺を出す店を探すまでになってしまった。美味しくて、しかも身体に良いと思うと、欲した時点で食べられないと不機嫌になってしまうくらいだ。

先日姑と彼女が御用達にしている馬肉屋に肉を調達しに行った際、おしゃべりな姑は日本でも地域によっては馬肉が生で食されることなどを忙しそうにしている店主にべらべらと喋りまくった。すると、店主は大きな包丁を持った手をふと止めて「生肉、喰うか?」と何やら興奮した様子で私に問い質してきた。「生の馬肉の美味さがわかるんなら、あんたにぜひ食べてもらいたいものがある」と言って、店の奥から肉の塊を抱えて来ると、それを薄いスライスにして私の手の平にのせてくれた。

その肉屋の主人が秘蔵していた生肉は、大変美味しかった。肉塊の表面にコショウとオリーブ・オイルを摺り込んで数時間置いたものらしいのだが、肉とオリーブ・オイルの調和感が素晴らしくて、私は感動のあまり自分用にその生肉を分けてもらった。そして生の馬肉の美味さがわかり合える者同士ということで、その店主と見つめ合って意味深にほくそ笑んでしまった。

古代から農耕を手伝い、車を引き、戦場でも人間とともに戦ってきた馬は、人間の歴史には欠かせない大切な動物だが、だからこそ、その肉を食べるなんてとんでもないと感じる人も当然存在する。確かに私も漫画に愛嬌のある馬を登場させていた時は、馬肉を食べたいという気持ちは全く脳裏を過らなかったが、やはり元気がなくなってきたりストレスが溜まったりして意気消沈してくると、馬肉特有のあの優しくて癒される美しい味（馬の味はなんとなくそう形容したくなる）を欲し始めてしまうのだった。

以前、夫が落馬して肩を五針縫うという怪我をして帰って来た日があった。そのとき私が用意していた昼食は、姑が作り置いていった馬肉のミートソースだった。「君がそうやって馬肉ばっかり食べているからこんな目に遭ったに違いない」と夫は冗談か本気かわからないことをぶつぶつと呟き、「あいつだけは信じていたんだ、なのに振り落とされるなんて……」と、コンビを組んでいる馬とウマが合わなくなった可能性を嘆いたりしていたが、ミートソースは美味しそうに平らげていた。怪我をしても翌日何事もなかったかのように乗馬に戻った夫に周りは戸惑ったそうだが、「美味しい馬肉を食べてきたからスタミナがついて元気になった、もう大丈夫」と答えたのだそうだ。

人間とは要するに味覚に支配された生き物なのである。

Ⅳ　深淵なるモツのこと

画学生時代のフィレンツェ暮らしにおいて、一番気に入っていた地元の料理は何だったかと問われたら、私は迷わずに「ランプレドット！」と答えるだろう。「ランプレドット」とは牛の第四胃袋であるギアラを煮込んだもので、フィレンツェの代表料理の一つとなっているが、実は観光客にはあまり知られていない。

イタリア国内でもフィレンツェのあるトスカーナ州では、「トリッパ」（こちらは牛の第二胃であるハチノスが使われることが多い）を初めとして、比較的モツを扱った料理は多い。しかしそれなりの構えのレストランにおいて、こういったモツ系メニューが積極的に振る舞われている様子は感じられない。

フィレンツェ中央市場周辺にある私の知っている何軒かの店では、例えば仔牛の脳味噌のフリッターや、仔牛の腎臓「ロニョーネ」（これも私の大好物）の煮込みなどを出すところもあるが、どこも観光客に媚びた店ではなく、大衆食堂的なところが多い。イタリアにおいてもモツ料理は、日本と同じくブルーカラーに愛されるメニューであり、それを食べにやってくる地元民の雰囲気も、どことなく東京で言えば赤羽や十条のモツ焼き屋で立ち飲みしている人々と共通するものがある。

ランプレドットにおいては、これはまたイタリアン・モツ料理の中でも扱われ方が若干特殊で、食堂で出されるというよりも、街中に数カ所だけあるランプレドット専門のオート三輪屋台で食べるのが一般的だ。フィレンツェの街中であれば私が知っているだけでも三カ所、このランプレドット屋台が出ているが、昼時になるとそこには市場で働く労働者や様々な店で働く店員さんが集まってくる。

オート三輪屋台に設えられたコンロで煮えているランプレドットを細切りにしてもらったり、パンに挟んだパニーノ状態にしたりして食べるわけだが、私は特にこのパニーノ・バージョンのランプレドットが気に入っている。二つに割った歯ごたえのある硬いパンの裏側をこのランプレドットを煮込んだ鍋に浸し、そこに具を挟むわけだが、私の気に入りの屋台ではそこに「サルサ・ヴェルデ」というパセリと鯷鰯《しこいわし》で練ったソースを少しだけアクセントとして加えるのだ。

真冬のフィレンツェの街中で、初めてこのランプレドットを口にした時、あの空腹とストレスと疲労を一遍にふっとばす寛大で温かさに満ちた「オフクロの味」感はあまりにも感動的だった。日本にいた頃、私はモツが好物だったわけではない。好物どころか、ほとんど食べたことすらなかった。だから、ランプレドットを口にしたことで、初めて動物の臓物というものが、肉とは全く違う次元の美味しさを持つものであることを知ったのである。

しかし、ランプレドットの感動を学校の友達に伝えた時の反応は、思いがけず冷ややかなものだった。今でも仕事でフィレンツェを訪れる機会があると、イタリア人の友人や仕事仲間に「お昼はランプレドットにしない？」と提案すると、「えーっ、マリはあんなものが好きなの⁉」と驚かれたりする。

考えてみれば、トスカーナ以外の地域出身でモツ料理が大好きだ、というイタリア人には今まであまり出会ったことはない。唯一サルデーニャ出身の学生がランプレドットの美味しさに同調してくれたが、彼の田舎では、飼育している羊の角と爪と骨以外は全て食べるのだと言っていたのを思い出す。少なくともイタリアでは、モツというのは基本的に経済的に裕福な人にはそれほど好まれない傾向があるようだ。

　これはイタリアに限ったことではないかもしれないが、いい肉はお金持ちが食べ、内臓は貧乏人が食す。食文化にそういった経済力のヒエラルキーが反映しなくなったかに思える現代の先進国であっても、モツ料理はいまだに卑下されがちなのである。

＊

　ところで、モツ、つまり内臓料理の中でも、偏見や味の難易度が他の部位ほど高くないと思われるものにレバーがある（苦手な人も少なくないが）。フォアグラはガチョウの肝臓のことだが、これは内臓料理であるにもかかわらず、フランスの貴族や富裕層向けの特殊な料理として嗜好されてきた歴史がある。

　私が今暮らしているヴェネト州にも「ヴェネチア風レバー」という名物料理があるし、ローマにも仔牛の内臓を使った料理がある。シチリアでも地域の名物だという鶏の内臓を使った料理を食べたことがある。私がランプレドットの次に好きな内臓料理が、トスカーナ名物の鶏レバーのペーストをのせたクロスティーニ（カナッペのようなもの）だ。この料理はトスカーナ名物として知名度も高く、地元民だけではなく世界中の観光客にも好まれている。

イタリアでモツ料理デビューを果たした私は、日本でも世界でも積極的にその地域の名物モツ料理を食べるようになったわけだが、その美味しさに感激したのはブラジルのフェイジョアーダだろう。黒いインゲン豆と豚肉やソーセージをごった煮にした料理だが、中には豚の耳や豚足、尾や皮まで入れる。その素材からも憶測できるように、これはアフリカからブラジルに連れて来られた奴隷たちが考案した料理と言われている。しかしすっかり今では、ブラジルで最も有名で国民に好まれている料理となっているのだった。

モツという食材は、たとえ多くの人々の食生活を支える大事なものであっても、一国の代表料理の素材として主役を張れる可能性はなかなかない。例えばアメリカでモツは、「ファンシー・ミート」とか「バラエティ・ミート」などと称されていて、どこか馬鹿にされているような気配すら感じられる。だが中には、先述したフランスのフォアグラや、このブラジルのフェイジョアーダのように、一国の食文化の代表として君臨するモツ料理も存在するのである。

ちなみに古代ローマにおいてモツは、決して見下された食材というわけではなかったようだ。経済的に豊かな人たちは、メス豚の乳房や子宮、フラミンゴの舌に仔羊の脳味噌など、肉ではない部分を贅沢な珍味として食していたという記録が残っている。異文化や異宗教に対して寛容だった古代ローマの人々は、味覚の面でも偏見にとらわれていなかったのだろう。「どんな食べ物も美味しい」という食に対する箍《たが》にとらわれない、前向きな姿勢が感じられる。

人間という生き物は本来雑食であるという、その生体本質の自覚がもたらす安心感が、モツに対する嗜好性と繋がっているのかもしれない。

V　臨終ポルチーニ

夏が終わり秋の気配を感じ始める時季に、森の中や林を歩いていてキノコを見つけるたびにふと思う。世界で一番初めにキノコを食べたのは、一体どこの誰だったのだろうと。世の中には「これを初めて食べようと思った人の動機は一体……」と思わせられる動植物がいくつかある。ナマコ、ホヤ、様々なグロテスクな形をした甲殻類……。人間の想像力というものは、時に不思議な方向に働くものである。あるいはひとたび空腹に支配されてさえしまえば、想像力などさしたる機能をなさなくなるのかもしれない。

でもナマコやホヤに比べれば、キノコはたとえその色彩や形状が奇抜なものであっても、口にすることを躊躇させるハードルは低いように思える。おそらく原始の時代から人々が食べてきたものなのだろう。それで美味しかったりお腹を壊したり幻覚を見たり、思いがけない様々な目にもあってきただろうが、それでも何百何千年もの間、人間の食文化にとっては欠かせない食べ物という地位を保ち続けてきた。

古代ローマ人もキノコが大好きな人たちであった。当時を生きた料理人アピシウスの記した料理本にも、キノコの調理法がいくつか出ているが、今でもイタリアで珍重されている高級キノコ「ポルチーニ（ヤマドリタケ）」は、すでにその当時から食されていたようだ。ポルチーニ茸をよく食べていたという時点で、古代ローマ人の舌の肥え方が、現代人に劣らぬグレードの高いものであったであろうことを計り知ることが出来るが、煮たりローストにしたり、どうやらたくさんのレシピが存在していたようだ。

ちなみに帝政ローマ期のキノコ好き皇帝クラウディウスは、大好物のキノコに毒を盛られて暗殺されたとするが、それもポルチーニ茸だったのではないかと勝手な推察をしてしまう。多少の毒がふりかけられていようとも、構わず次から次へと頬張りたくなるに違いない魔性の味覚、それがポルチーニ茸だ。

＊

私はグルメ評論家でも美食家でもないし、イタリアに暮らしているくせにイタリア料理が大好物というわけでもない。でも、ポルチーニ茸に関しては一般のイタリア人よりも強い思い入れがあると自覚している。日本人が経営する日本料理店も食材屋もない街に暮らしているおかげで、イタリアから日本へ戻ってくると、会食でも宴会でも極力イタリア料理を避けるようにしている。それでもたった一つだけ、不意に抑制困難な欲求を芽生えさせ、居ても立ってもいられない状態にするイタリア食材がある。それがポルチーニ茸だ。

『それではさっそくBuonappetito!』というエッセイ漫画の中で私は、死に際にはこの世への執着を断ち切るために、このキノコを口に入れてほしいと描いているが、その思いは今も変わらない。息子には「臨終ポルチーニよろしく」と念を押し続けているけれども、「乾燥や冷凍のものではなくて、もちろん生で、採れたてで、笠の直径が十五センチ級のふかふかしたやつを炭火でグリルにして、キノコ汁が染出しているところにエクストラヴァージン・オイルをちょっと垂らしたものをお願い」と細かい指定をすると、「……何言ってるの」と冷たくあしらわれてしまう。

採れたてのポルチーニを頬張って死ぬためには、時季は九月から十月に限定される。さらに終焉の場所もイタリアの森林地帯から、さほど遠くない地域にしなくてはならない。その採取も決して容易ではない。このキノコは樹木の根に菌根を張って共生する菌根菌という種類のもので、純粋培養にはいまだに成功していない。街の八百屋さんで売られているものも全て、どこかの誰かが自らの足で一生懸命に採取してきたものなのだ。

かつて私は、北イタリアのアルプス山脈で登山をした際に、こっそりポルチーニ茸採取を目論んだことがあった。当初は採取の目的はなかったのだが、宿泊していたロッジにいたドイツからの登山客が、バスケットいっぱいのポルチーニ茸を抱えて満面の笑みで戻って来たのを目にした途端、私は居ても立ってもいられなくなってしまった。

登山道に生えまくっていたというその籠の中のポルチーニ、パッと見るだけで時価何千円、いや何万円分とも思える量と品質のものであった。私はロッジに置いてあったキノコ図鑑を拝借し、翌早朝、素敵な収穫への希望に胸を膨らませながら勇んで登山に挑んだ。

しかしそんなワクワク気分は、たちまち自然の厳しさの前で萎れることになった。山を登り始めて間もなく、九月初旬だというのに突然激しい豪雪に見舞われ、視界はわずか一メートルほど。進行方向も曖昧になり、一緒に登っていた家族もろとも遭難の危機に陥ってしまったのだ。

それでも私はポルチーニ茸を諦めなかった。降り止まぬ雪の中、低く屈めた体勢で前に進みながら、白く覆われていく周囲の木々の根元に慌ただしく視線を絡ませ、キノコらしきシルエットを見つけてはそこへ駆け寄った。しかし、雪の下から出てくるそれらのキノコは、どれもポルチーニとは似ても似つかぬものばかり。やっとのことでポルチーニのような笠を見つけて飛びつくも、雪を払ってみれば、それはお伽話の絵本に描かれるような真っ赤でファンシーな模様のある、幻覚作用をもたらす紅天狗茸。

その後も降りしきる雪の中、同様の興奮と落胆を何度か繰り返し、無事に下山は果たせたものの、無念私の手にはたった一つのポルチーニも握られていなかった。

こんな経験をしたためか、以来私にとってポルチーニ茸は、別格の好物となってしまったのである。

確かにイタリアにはポルチーニだけでなく、実に多種多様な食用キノコが存在して、そのどれもが美味しい。日本に帰ってきても、松茸や舞茸など、その食感と味覚にうっとりするようなキノコが豊富にあり、キノコ好きの気持ちは充分に満たされる。

しかしである。ポルチーニ茸の、肉厚のあの笠の中から沁み溢れ出すキノコ汁は、他とは比較出来ない「うまみ」があると私は確信している。たとえ自分の最期が、クラウディウス帝のような顛末になったとしても、そこにポルチーニ茸さえあれば、文句の言いようもないだろうと、懲りずに思えるのだった。

Ⅵ　ジェラートとイタリア男

七月下旬に日本へ移動してくる直前、我が家の温度計は室温四十度を差していた。内陸の盆地であるフィレンツェが、真夏に四十度近くになることはあっても、私が暮らす北イタリアでそんな気温に達することは滅多になく、街の人々はかなりパニックに陥っていた。隣近所の男衆たちは上半身裸でその辺を彷徨っていたし、テレビではしきりに「暑いので外にはなるべく出ずに、水分を十分補給して下さい」と繰り返していた。確かにイタリアの暑さには湿気がないので、石造りの家の窓や鎧戸を閉め切ってしまえば、気温の上昇はある程度抑えられる仕組みになっている。

私は毎日水を浴びるように飲んで、なんとかその暑苦しさを凌ごうと頑張ったが、仕事に集中できないし、眠くなるしで、とにかくやりきれない。今ほど経済的に苦しくなかった数年前まで、イタリアの人々は必ず真夏に一カ月ほど休みを取っていたのには、しっかりとした理由があったのである。

暑さの中で人間は、体力も精神力も持続しない。猛烈な暑さの中、この国で辛うじてできることと言ったら、日中は何もせずにダラダラと過ごし、少し涼しくなった夜に街に出てジェラートを頬張ることくらいだ。夏の間のイタリア全国におけるジェラート消費量がどれくらいなのかはわからないが、私の場合、少なくとも毎日儀式のようにジェラートを食べ続けて、夏を乗り切るようにしている。

「ジェラート」という言葉は、今では日本でも市民権を得て、専売店まであるのを見かけたが、要は「アイスクリーム」のことである。イタリア原産の特別な冷菓というイメージを持っている人もいるようだが、イタリアでは普通にその辺の喫茶店や食料品店で市販されているものも、全て「ジェラート」である。

それにしても、イタリアの街角で売られているあのジェラートの濃厚な味覚やネバネバな食感は、やはり市販のものではなかなか再現されない。カップやコーンに乗せるだけでなく、ブリオッシュのようなパンに挟むという食べ方もあるが、暑さで食欲が減退しているときなどは、それ一つで結構腹持ちもする。誰かの家に昼食や夕食にお呼ばれする時は、ジェラートを何種類か発泡スチロール性の容器に詰め込んで、お土産として持参するのもよくあることである。

ちなみに私が夫の実家に持って行くジェラートは、いつも味が決まっている。それ以外の味を試してみるという冒険をすると怒られるので、家族が好む味だけを選んで行くのだが、珍しいものとしては「リコリス味」というのがある。この味のジェラートはどこの店にもあるわけではないので、お土産を買う店も限定的になるが、私自身はこの味のジェラートがあまり好きではない。

「リコリス」は日本語に訳すると「スペインカンゾウ」という植物らしい。この植物を練って成形したものにアニスの味を付けたものが、ヨーロッパではお菓子としてよく売られている。ヨーロッパに行ったことのある人なら、必ずどこかで見たことがあるだろう。真っ黒なグミのような、正直日本人の味覚にはなかなか馴染めない強烈な臭いと味である。

この味がジェラートでも再現されているわけだが、我が家では私以外皆大好物なのである。味覚文化の隔たりを普段はさほど感じない私も、これだけはいつまでたっても口にすることができないでいる。日本でも、いろんな地域に「ええっ⁉」と思うような不思議な味のソフトクリームが売っているが（納豆味とかウニ味とか）、リコリスはそれ以上にハードルが高い味なのである。

そんな斬新な味覚の領域にまで到達しているジェラートだが、その歴史は古く、なんと古代ローマ時代にまで遡るらしい。当初は食品を保存するために使っていたアルプスの雪や氷に、蜂蜜やワイン、動物の乳を混ぜて食べていたらしいが、それを推奨したのは、かのカエサルだったとする説もある。皇帝ネロもこの山の雪に蜜や果汁を掛けたものを大変好んで食べていたとされているが、イタリア半島の真ん中に位置するローマまで、アルプスの山の雪を溶かさずに運んでくるのは、大変コストの掛かることなので、決して一般にまで普及していたものではないのだろう。お金持ち限定の嗜好品であったことは間違いない。

乳をベースにしたアイスクリームの原型はマルコ・ポーロが中国からもたらしたものと言われているし、シチリアにはアラブ圏ですでに食べられていたシャーベットが、イスラム文化の影響とともに伝来し、独特の氷菓文化が発達したとされている。何であるにせよ、イタリアがアイスクリームやシャーベットなどの氷菓が繁栄するのに大事な拠点だったことは明らかである。

*

ジェラートを好んだのは、何も古代ローマの英雄ばかりではない。日本では、アイスクリームを頬張りながら外を歩くのに抵抗を感じる大人も少なくないだろう。しかしイタリアでは、頭の禿げた髭面の中年男やビシッとしたスーツに身を包んだビジネスマンが、ジェラートを食べながら真っ昼間の街中を堂々と歩いている姿をよく見かける。

このようにイタリア男の甘い物好きは、他国の男性とはおそらく比較にならないレベルではないかと思っている。私の周辺にいる男性たちで甘い物が嫌い、食べられない、という人はかつても現在も一人も存在しない。

もちろん男性たちだけが甘味を嗜好しているということはなく、イタリアでは老若男女、全ての人々が甘い物には目がないわけだが、そんな彼らの糖分の摂取は朝目が覚めた時から開始される。

イタリア式朝ご飯というのは、至って簡素だ。エスプレッソかそれに牛乳を混ぜたカフェラッテかカプチーノ、そこにスプーン何杯もの砂糖を投入する。それを飲みながら、一緒に食べるのは甘いビスケットか、ジャムやヌテッラというヘーゼルナッツのチョコクリームを塗ったパンやラスク。もし冷蔵庫の中に甘いケーキの残りでも入っていれば、それが朝食として優遇される。家ではなく外のカフェで立ち喰い朝食で済ませる人たちもかなりいるが、彼らもやはりコーヒーと、中にクリームが入ったクロワッサンや小さなケーキを食べる。

イタリア人たちにとって朝食というのは、エネルギーを供給するというよりは、血糖値を上げて目を覚ます、という意味合いのもののようだ。

私も若い時からイタリアに暮らしているせいで、日本に居ても朝食は紅茶と甘いもの一口という習慣を保ち続けている（先述したようにコーヒーは飲めません……）。でもよく考えてみると、こうした朝ご飯は、空腹を満たすだけではなく、味覚に対する好奇心を満足させて、知的触発として食事を楽しんでいた古代人たちを思い起こさせるものがある。ちなみに古代ローマ人たちの甘味好きは、広大な帝国の属州各地でも有名で、しばしばそれがからかいの種にもされてきたらしい。

古代ローマの時代、サトウキビがたまに南方からの船に積み込まれて届くことはあったが、まだそこから砂糖を抽出するという術を持っていなかった。サトウキビが砂糖に精製されるのは、ヨーロッパでは中世になってからのこと。それまでの主な甘味料といえば蜂蜜と果実から作られるシロップだ。彼らはこういった甘味を魚醬などと一緒に調味料として使っていたというから、古代ローマの食事というのはかなり甘ったるいものだったに違いない。それどころか、ワインにも彼らはたっぷり蜂蜜を入れて飲んでいたらしく、一日の甘味摂取量は半端のないものだったのであろう。

そんなわけで、甘い物を絶やすとたちまち機嫌が悪くなったり、落ち着かなくなる甘い物依存のイタリア人たちを見ていると、二千年以上もの時を経て、的確に古代ローマ人たちのＤＮＡを受け継いでいるのだなとしみじみ感心してしまうのである。

Ⅶ　クリスマスの風物詩

師走、十二月二十五日をキリストの生誕日として祝う国々では、この時季限定のお菓子というものが市場に出回る。ドイツの「シュトーレン」やフランスの「ブッシュ・ド・ノエル」も、日本はキリスト教の国でもないのに本国よりも美味しいのが手に入るし、近年ではイタリアのクリスマスの風物詩「パネットーネ」や「パンドーロ」までもが、その辺のお菓子屋さんやパン屋さんで売られているのを見かけるようになった。

日本人は世界の中でも際立って外国語の習得が苦手だと言われているが、味覚適応力だけはどの国よりも傑出している。その証拠に日本では、地域別にまで分類された各国の料理屋が普及し、家庭の中でも普通にアジアや中東、ヨーロッパといった諸外国の料理を調理して食べる人たちが少なくない。外国語を上手く習得できないコンプレックスを覚えるくらいなら、いっそ世界のありとあらゆる味を美味しいと感じられる味覚の寛容性とアビリティを、もっと自慢しまくっていいのではないかと思う。なにせあの多元的味覚への順応は、他の国の人にはなかなか真似の出来ないことだから。

クリスマスのお菓子だが、私はシュトーレンのようなお菓子は、実はそんなに得意ではない。フレッシュであってもドライであっても、先述したように果物自体が苦手なので、それらが混入しているお菓子も楽しめないのだ。だから、イタリアでも干し葡萄入りのオーソドックスなパネットーネよりは、粉砂糖をまぶしただけのパンドーロの方が気に入っている。

＊

パネットーネはミラノが発祥で、生地の発酵にはパネットーネ酵母という、仔牛の小腸から採取される特殊なイースト菌が使われる。パネットーネという名称には「でかいパン」という意味があって、かつてはクリスマスが近づいてくると、各家庭のおっかさんたちがせっせと自分たちでこしらえていたらしい。見た目も、ただのでっかい茶色いゴロゴロした素朴な焼き菓子で、クリスマスらしい色気は全く感じられない。

私がイタリアへ渡った今から三十年ほど前、すでに家庭でパネットーネを作るという習慣は衰退しつつあった。単に作るのが面倒になったからだと思われるが、代わりに市場には、干し葡萄の代わりにチョコレートクリームやカスタードを詰めたり、表面もチョコでコーティングを施した、ちょっとおしゃれな「新参パネットーネ」が出回りつつあった。プレーンなパネットーネより値段は張るけれど、お菓子屋さんやスーパーマーケットで子供らが羨望の眼差しを絡み付けていたのは、明らかに工夫が施されたパネットーネの方である。

だけど、年配者にはこの「新参パネットーネ」を嫌う人たちも少なくなかったし、実際高いお金を出して買ってみたところで、中身を取り出してみるとパッケージの写真とは全く別物で、クリームもチョコ・コーティングも申し訳程度にしか施されていないような商品がほとんどであった。パネットーネというのは、本来素朴な味と見た目が特徴のお菓子であり、いろいろ着飾ってみせたところで、所詮は田舎者の成り上がり風情にしかならない実態を、我々は認識せざるを得なくなったのである。

その点、パンドーロは味も見た目も食べ方も、パネットーネよりも遥かに洗練されている。ドライフルーツなどが入らない代わりに生地で勝負する他なく、その生地もパネットーネよりもきめが細かく、食感もしっとりとしていて、スポンジケーキにほど近い。八つの頂点のある円錐形も何となくもみの木を連想させ、その表面全体に真っ白な粉砂糖をまぶすことによって、クリスマスらしさが際立ってくる。

発祥はヴェネト州のヴェローナとされているが、オーストリアが本拠地という説や、十六世紀のヴェネチア共和国時代に生まれた、貴族用の高級お菓子という説もあるパンドーロ。名前も「Pan d'oro（黄金のパン）」と解釈できることから、庶民に振る舞われるレベルのお菓子ではなかった可能性も高い。

それにしても、「でっかいパン」も「黄金のパン」も、今やイタリアにおいては、そのありがたみは昔ほどではなくなってきている。毎年年末になると、お歳暮のようにしてこれらを周りの人々にプレゼントするという習慣があるのだが、今我が家にもすでに友人や大家さんから頂いたパネットーネとパンドーロが合計四個も積み重なっている。これだけ増えるといかんせん食傷気味になってしまい、いくらクリスマスであっても、あまり率先して食べたい気持ちにはならない。

仕方がないので姑の家へ二個持って行ったら、「あら、私もそっちに持って行こうと思っていたのに……。これ以上増やさないでよ」と台所に折り重なるようにして置かれている大量のパネットーネを見せられた。

おそらく今回も我々はこのお菓子を来年の三月くらいまでは食べ続けることになるので、本当のことを言うと、もうこのお菓子からは「クリスマス限定」という情緒を感じられなくなってしまった。それは、きっと多くのイタリア人たちが抱いている感慨だろう。

第4章

私の偏愛食

I　思い込んだらソーセージ

先日、日本からイタリアへ帰るために乗ったドイツの飛行機で、隣に座っていた恰幅の良いドイツ人と思しき中年の男性が、客室乗務員を呼びつけて相談をし始めた。配られた夕食用のメニューを指差しながら何かを訴えている男性の顔も、呼びつけられた中年客室乗務員の表情もどこか神妙だ。いったいどのようなやり取りがなされているのか、私には知る由もなかったのだが、間もなくそのネゴシエーションの内訳がはっきりした。

機内での夕食用メニューには二つの選択肢があった。一つは肉系がメインの西洋料理、そしてもう一つは立派なホテルの料理長がプロデュースしたという和食。私は迷いなく和食を注文し、ほどなくして外国の航空会社にしては素晴らしいクオリティの先付けが運ばれてきた。まだ自分のテーブルの上には何も置かれていない隣の男性が、分厚い眼鏡のレンズ越しに私の注文した和食を静かに凝視しているのがわかったが、構わずに箸を割り松葉に刺さった銀杏をつまみ、それを口に運ぶ。美しく盛り付けられた和の味覚を愛おしみながら味わっていると、隣の男性のテーブルにもやっと夕食が運ばれて来た。それは、メニューに記載されていたものとは様子が違った。

先ほど神妙な顔で男性の言葉に耳を傾けていた大柄の客室乗務員が、誇らし気な表情で男性のテーブルの上においたものは、長さ二十センチ、直径二センチほどの茹でたウインナーソーセージ十本で、皿の脇にはたっぷりと粒マスタードとケチャップが添えられていた。先ほどまで表情筋のひとつも動かさない堅苦しい表情だった男性の顔はゴムが切れたみたいにだらりと緩み、客室乗務員に礼を言うとさっそくその俵積みになったソーセージの一番上の一本に手を伸ばした。ナイフとフォークも置かれていたが、それらは彼には意味をなさないようだった。太い親指と人差し指の先でつまみ取ったそのソーセージをもう片方の手を使って真ん中からぽきんと折り、中からじゅわっと肉汁が溢れ出て来るのを、まずは尖らせた口先で吸い上げる。それからその先端を、皿の脇のマスタードとケチャップにたっぷり絡めて、再び口の中へ。ソーセージの皮が砕かれ、中から溢れ出す肉汁と肉片でぱんぱんに膨らんだほっぺたが咀嚼の度に紅潮し、おそらくその眼鏡の奥にある目はうっとりと閉じられている。咀嚼が止まると、ドイツビールをくいっと流し込み、ナプキンで口元を拭って一息ついてから、残り半分がその口に放り込まれる。

その様子を目の端でとらえていた私の意識は、目の前の美しい和食からすっかり遠ざかっていた。生まれてから今まで、ソーセージという食べ物をこれだけ美味しそうに食べる人を見たことがない。メニューにもないこれだけの量のソーセージを頼まずにはいられなかったこの男性は、よっぽど自国の料理に飢えていたのであろう。

食事が終わった後は、再び固い表情でテーブルの上に数字がいっぱい書き込まれたプリントの束をドサッと載せ、その一枚一枚を捲り始めていたが、その様子から察するに、今回の日本滞在はお気楽な観光などではなく、仕事目的の出張だったのだろう。

いくら海外の料理や味覚に寛容な舌を備えているとはいえ、我々日本人もやはり外国での滞在が長期に及ぶと、どうしてもお茶漬けや蕎麦やうどん、私の場合はラーメンが食べたくてたまらなくなってくる。このドイツ人男性の場合も、日本でそれなりの食事を口にすることは叶っても、やはり彼のソウル・フードであるソーセージへの思いは募る一方だったはずだ。そうでなければ、機内での夕食にメニューにも出ていないソーセージを十本山盛り（他には一切何も頼んでいなかった）なんて頼んだりはしなかったと思う。

とにかく私は、飢えたゲルマン民族の荒ぶる魂を一気に沈静化させるソーセージの威力とその食べ方にすっかり心が奪われ、自分の食事の最中も、そして済んだ後も、とにかくどうしてもソーセージが食べたくて我慢ができなくなっていた。気を紛らわそうと映画を観たり寝そべったり雑誌を読んだりしても、私の頭の中は隣の親父がその太い指先でつまんでいた、肉汁の脂に照り輝くソーセージでいっぱいだった。

*

そもそもソーセージというのは、ワールドワイドな食べ物である。起源はいつ頃まで遡るのか知らないが、古代ギリシアに書かれたというホメロスの『オデュッセイア』にも兵士の携帯食として記述があるそうだ。保存食としての便宜性も踏まえると、人間が肉を食べ始めた頃から存在していた可能性も考えられる。

思えば私も、世界の各地で実に様々なソーセージを食べてきた。

例えばチベット。高山鉄道で移動中に高山病の兆候を発し、下車後に病院へ駆け込んだ。高熱にうなされながら鼻に酸素吸入のチューブを突っ込まれてベッドで横たわる私に、同室の内モンゴル自治区のオバさんが、バッグから取り出した羊の硬いソーセージ。ナイフで無造作に輪切りにして私に「食べろ」と差し出してきたので、頑張って食べたが、咀嚼にエラい顎力を要し、意識が朦朧としていたこともあって味をあまり思い出せない。

スペインやポルトガルの料理屋でよく食べたブラッド・ソーセージ。

ブラジルの煮込み豆料理フェイジョアーダにモツやら何やらと一緒に入っている脂っこいソーセージ。

南イタリアの唐辛子をふんだんに練り込んだ真っ赤なソーセージ。

そして、夫の実家で毎年作らされていた、豚の解体から手がける自家製ソーセージ。農家でもなければ、ソーセージ作りのノウハウもろくにわかっていない姑が、スラブ人のお手伝いさんに教わって、気がついたら年末恒例の行事となっていたソーセージ作り。その時は私も、暖房のない小屋の中でひたすら腸に肉を詰める作業の助っ人として動員される。しわしわの羊の腸に、挽かれた豚の肉をとにかくどんどん詰め込んで行くのだが、寒いし肉臭くなるし労働の種類としてはかなりしんどい。

「こんなにたくさん作ってどうするつもりなんだ!?」と思うほど大量に作った後は、クリスマスツリーを飾り付ける要領で、倉庫の天井や壁に吊るしていく。我々家族は食料難でも何でもないのに、向こう数カ月はそれをひたすら食し続けることになる。客人が訪ねて来れば、土産としてそのソーセージを無理やり持たせる。

そんなイタリアの夫家族と同居していた時は、さすがに気分は「ノーモア・ソーセージ」だったが、数年前から姑はその作業に飽きて来たからか、それともそれだけの苦労をしても誰からも美味しいという評価を得られなかったからなのか、年末行事として実施されることはなくなった。でも作らなくなったらなったで、あの毎年味の違うハンドメイド感たっぷりのソーセージが懐かしくなったりもする。

これは蛇足だが、二十歳の頃、日本に帰国したついでに免許を取り、スキーをしに出掛けたことがある。その途中、車で大事故を起こしてしまった。破損した車のドアに脇腹を裂かれて動けなくなっている私を、同乗していた友達が見た時に発した言葉が、「やだ! ソーセージ切ったみたいにパックリなってる!」だった。今思えば、彼女の好物はソーセージだったのかもしれない……。

このように私の記憶には、ソーセージと結びつく思い出が溢れている。

＊

話を冒頭のシーンに戻す。結局、どんな気の紛らし方をしてみても、「ソーセージ欲」から意識を背けることのできなくなった私は、ＣＡを呼んで到着前の食事にソーセージを頼んでしまっていた。なるべく隣の親父の視線を意識せず、顔に欲求不満感を放出させないよう平然を装って、運ばれて来たソーセージを頬張った。

その美味しさたるや！　初めて連れて行かれたフランクフルトのお屋敷で白パンを食べたハイジの感動に匹敵するほどのものがあった。

人生であれほどソーセージを美味しいと思ったことはなかったし、おそらく今後もないだろう。たかがソーセージ、されどソーセージ。

Ⅱ　私の〝肉欲〟

先日、我が家から五十キロほど離れた田舎に暮らす姑から、突然「もらったばかりの仔羊を食べるから今すぐ集まれ」という強制招集が掛かった。私は年末進行の漫画を執筆中で、トイレに行く時間すら惜しんで作業を進めている最中だったが、姑の口調は、従わなければ後でとんでもない仕打ちをされかねない脅迫的なものだったので、仕方なく私と夫は仕事を中断し、羊を食べたいという気持ちは全くなかったけど、渋々夫の実家へと向かった。

北イタリアのアルプスの麓、バッサーノ・デル・グラッパという地域にある姑の家には、広さ二百ヘクタールの借用農地がある。本人たちは農家の生まれでも育ちでもない。乗り物のエンジニアをやっている舅が、人里離れたところにラボラトリーを持ちたいと思い立って、旧農家を買い取って自ら改造したのが、彼らが今暮らしている家である。家屋や土地の持ち主がエンジニアになったとはいっても、莫大な広さの農地をそのままにしておくわけにはいかない。なので、従来その土地で行われ続けてきた通り、春から夏には農業関係者たちがやってきて、麦を植えたりトウモロコシを植えたりしている。冬の間は、アルプスから降りてくる夥しい数（おそらく何百頭では利かない。一面真っ白でモコモコの海になるほどの数）の羊を連れた羊飼いに、放牧のための場所を提供しているのだった。

今年もその羊飼いがやって来て、しばらく舅の農地で羊を放牧していたらしいのだが、そのお礼にと、生まれてまだ間もない天使のような愛くるしさ溢れる、無垢で純粋で真っ白なかわいい赤ちゃん羊の「肉」をもらったのだそうだ。

念のため私は、電話を掛けてきた姑に「すみませんが、その赤ちゃん羊なんですけど、今どんな状態になっているのでしょうか……」と聞いてみた。なぜなら先述したように、クリスマスになるとこの家では、ソーセージ作りが恒例行事となるからだ。そこで最初に目にするのが、殺されて解体されたばかりの、肌色の、人の身体のような色をした豚の生々しい肉片である。姑は「自家製って言うからには、ここからやるのが当然じゃないの」と、近所の農家の奥さんたちからアドバイスを受けて、それを切り刻んだり脂身を剝いだり、という段階から作業を始めるのである。

電話で仔羊の様子を確認したのは、もし今回もそんな作業に立ち合わされるのであれば、いくら姑がヘソを曲げて私に酷い仕打ちを企む結果になったとしても、絶対に行かない、行けない、と思ったからだった。しかし彼女の答えは「もうオーブンに入っているけど、半端なく美味しそうに出来てる。表面は褐色で香ばしく、中は柔らかそうで、見るからにうっとりな様子」というものだった。

イタリアなどキリスト教の国では、復活祭やクリスマスになると羊の肉を食べる習慣があるが、それはこの宗教において羊が神への捧げものを象徴するからである。決して通年、どこでもかしこでも積極的に食される肉ではないが、宗教的祭事の期間は、どこの家でも羊の料理が準備されるのは当然のことである。イタリアだけではなく、ポルトガルに暮らしていた時も同じく、復活祭とクリスマスの時期は、どこの肉屋にも羊の肉が並べられていた。

＊

羊の肉は臭みがあって苦手という人も少なくないようだが、食べると身体を温める作用があることは、多くの人に知られるようになった。私は北海道で幼少期を過ごしたので、他地域の人に比べて多く羊の肉を食べてきた。北海道では、バーベキューや宴会がジンギスカンになることが多い。母の暮らす家のそばには、大手のビール工場が二つあり、そのどちらにも工場直営のジンギスカン屋がある。たまに帰省すると、必ずそこで家族揃ってジンギスカンを食べるのが恒例になっている。

そのため、三十代の頃、夫の研究の都合でエジプトのカイロやシリアのダマスカスに暮らさねばならなかった時も、レバノンやヨルダンを長期旅行で巡った時も、「日々是羊肉」な毎日をそれほど苦痛と感じることはなかった。

これら中東の国はイスラム圏だから、宗教上の理由で豚肉を食べることはできない。しかし羊肉しか手に入らないわけではなく、鶏肉や値段は少し高いけど牛肉やラクダの肉もある。「豚肉がなくたって人生楽勝」と、しばらくの間は中東式食生活にも対応できていた。

しかしそれも、ある日「揚げたてのとんかつ」の夢を見るまでは。

私の弱点は、欲するものが「何をどう駆使しても絶対手に入らない」と思った途端に、人格破綻を来すのではないかと思われるほどのパニックに見舞われることである。お風呂の時もそうだった。結局、風呂の漫画を描くことでなんとか荒ぶる欲求を押さえ込んだが、豚肉に関してはそうもいかなかった。飛行機に乗ってイスラム圏外の国へ移動する以外にどうすることもできなかったので、本当に苦しい思いをした。羊の肉に対するシンパシーが急激に薄れたのも、おそらくあの〝豚肉欲〟が満たされない苦しみがきっかけだったと思っている。

そう言えば私の爺さんも、一九三〇年代に仕事で赴任していたモンゴルで、来る日も来る日も腸詰めや鍋など、羊料理ばかり食べていたせいで胃潰瘍になってしまったと嘆いていた。喫煙者で酒飲みだったにもかかわらず、彼が百歳近くまで長生きできたのは、実はその時代に食べた羊肉で身体の内側を鍛えられたからではないかという気がしないでもない。蛇足だが、開戦直後に帰国した祖父は、胃潰瘍を治すことができず、次の赴任先として命じられていたシンガポールへの渡航が叶わなかったそうだが、自分が乗るはずだったその船は、途中で撃沈されてしまったそうである。羊のおかげで命拾いをしたのである。

＊

そんなわけで、姑の家に着いた私たちを含む家族親戚一同は、それはそれは美味しそうに焼き上がった黄金色の仔羊の肉を「アッ」という間に平らげて、「やはり仔羊はうまい、神の恩恵、幸せの味！」と舌鼓を打った。「来年にもぜひ来てもらいたいねえ」「肉屋からだってこんな新鮮で美味しい肉は調達できないわよ！」と打算で盛り上がる女たち。夫が「そう言えばマリは未年の牡羊座だったよね」と余計な口を挟めば、「あらそうなの⁉　じゃああんた、きっと羊と相性がいいのよ。羊飼いになって仔羊をジャンジャンあたしたちに分けて頂戴よ！」と、呆れるほど無責任でナンセンスな会話でゲラゲラと盛り上がる。

ことほどさようにイタリアにおいて羊の肉というのは、まあそこにあるだけで、誰をもお祭り気分にさせてくれるありがたいものなわけだが、それにしてもこの家に来る度に私は、人間という生き物の容赦ない〝肉食性〟を痛感するのであった。

Ⅲ　パサパサか、ドロドロか

仕事が忙しくなったのと、ちょっと外に出れば美味しい食堂がいくつもある場所に引っ越して来たのが理由で、料理というものをしなくなってしまってからもう随分経つ。先日、久々にイタリア留学時代に得意で、周りからも絶讃された肉の煮込みを作ってみたら、火加減も味付けの勘もすっかり衰えて、予想以上に不味い物が出来上がってしまった。

留学時代は貧乏で外食が叶わなかったため、わずかな食材と知恵でなんとか美味しい物を作ってやろうと躍起になっていた。その時期が長く続いたおかげで、日本に一時帰国中にローカルテレビ局の料理番組でコストパフォーマンスの良さと簡便さをウリにしたイタリア料理を披露していたあの能力は、今では一抹の気配も留めずに消えてしまったようである。料理も、絵や楽器演奏と同じで、毎日ひたすら続けていなければ、簡単に忘れてしまうものなのだ。

ただ、そんな私であっても、今でも一つだけ上手に調理できるものがある。それは普通の鍋で米を炊くことだ。母は忙しくてろくに料理をしなかった人だが、米を炊くことだけにはなぜだか猛烈なこだわりがあり、世に出回っていた電気炊飯器などは絶対に信用せず、今世紀になる直前まで文化釜を使い続け、幼かった私にもその原始的な方法を伝授していた。戦争を乗り越えてきた母には、米さえ美味しく炊けていれば、どんな質素なものがおかずでも美味しい食事になる、「米こそ一番の贅沢」という確固たる信念があった。

母は、演奏会などで留守をする時も滅多に夕食の作り置きなどしない人だった。今だと「小学生の子供に炊事をさせるなんて危な過ぎる！」と思われそうだが、あの頃はいろんな事情を抱える家が普通にあったから、ご近所も学校の先生も誰ひとりとしてそんな家庭環境で暮らしている私を必要以上に懸念することもなかった。私は学校から帰ってくるとお米を磨いで、母の置いていった千円でおかずになりそうなものを近所の店に買いに行き、自分と妹の食べるものを用意するのだった。おかず代の千円は当時お気に入りだった週刊少年漫画誌の調達費に変わることもあったが、その残りで卵が買えれば、夕食の準備はそれで完璧だった。炊きたての白米に生卵と醤油をかけたぶっかけご飯。それさえあれば、もう私の全身の細胞は至福を覚え、満たされるのだった。

考えてみたら子供だった頃は、図書館で借りてきた漫画の『はだしのゲン』にせよ、年貢を取り立てられる貧しい農民たちを描くテレビの時代劇にせよ、どれだけ米というものが渇望されていたのかを知る機会が随分あったように思う。そういったメディアの影響もあって、シンプルかつ貴重な食材であるお米への思い入れは強かった。

だから私は、やがてイタリアでの留学生活が始まっても、イタリア人たちに囲まれ日々の食生活がイタリア化しても、定期的に米を炊いて食べることを続けてきた。たとえそれが日本の米とは形状も味も違うイタリア米であっても、『はだしのゲン』を思い出しさえすれば、気にはならなかった。

＊

『にがい米』というイタリア映画がある。戦後間もない頃に撮影されたこの映画は、シルヴァーナ・マンガーノというグラマラス女優を世界に知らしめて有名になったが、私が最初にこの映画を観た時に印象的だったのは、イタリアでも米が作られ、食べられている、という事実だった。

イタリアへの留学が決まった頃、高校生だった私は名画座で大好きな同級生とこの古い映画を観たのだが、イタリアといえば、人々はパスタやピッツァばかりを食べている国という安直なイメージしかなかったので、スクリーンに映し出される太股を露わにした女性たちが、懸命に田植えをしている光景がとても意外だった。

その数年前に一人で訪れたフランスやドイツの家庭でも、米の料理が出されることは一度もなかったし、私はてっきり、欧州では料理に米という穀物が使われることはないものと思い込んでいたのだ。だから、イタリアで彼らが米をリゾットというものにして食しているのを知った時、イタリアと日本でお米を食べるという共通点があって良かったと安堵した。異国では、食の感性を分かち合えるかどうかは、言語が通じ合うかどうかくらい大事なことだからだ。

しかし実際のところ、共通する食材があるからといって、そう簡単にコミュニケーションが取れるものではない。フィレンツェでアパートをシェアしていた学生たちに日本式に炊いた米と、持って来たなけなしの鰹節でおにぎりを握って振る舞ってみれば、皆そろって「米に味がねえ！」と不服そうな反応。表面には塩をまぶしてはあるものの、「うっかり塩を入れ忘れたんじゃないの？　米自体に味がついてないよ」と訴えられた私は、驚いて思わず「米に塩を入れる⁉　そんなの有り得ない」と反発するも、とにかくイタリアの学生たちには全く塩気のない米の味は不評で終わった。

それからしばらくして、今度はシチリア島で日本から持って来たインスタントの素で作ったちらし寿司を振る舞ったのだが、「甘い！　なんで米をこんなに甘くするんだ！」とまたしても不評。今でこそ世界で市民権を得た「ＳＵＳＨＩ」だが、当時しかもシチリア島の片田舎では、まだ誰も酢飯の存在など知る由もなかったので、甘酸っぱくした米は大きな衝撃だったようだ（ちなみに北東部のエミリア・ロマーニャ州では、お米を牛乳と卵などで甘く味付けて焼く、お米のケーキなるものが存在する）。

ヴェネト人である姑は、北部の人らしくリゾットが大好きなので、年がら年中旬の野菜をつかってこの料理を作っている。かつて私が日本風に米を炊いてカレーかなんかと一緒に振る舞うと、「ほらご覧、あんなに洗うから粘り気がすっかり取れてこんなバラバラになっちゃうんじゃないの」と意見をしてきたことがあった。米をよく食べるイタリアの地域の人たちにとって、一粒一粒を分離させるアジア式の米の調理法は、受け入れがたいものだったようだ。米料理と言えば、雑炊やお粥に近いあのドロッとした質感をもたらすものという固定観念があるからなのだろう。今でこそ中華料理屋が普及したことで、パラパラのご飯もアリなんだと思うようになったようだが、それもごく最近の話である。

ちなみに、日本以外のお米を使った料理で私が大好きなものを挙げていくと、インドネシアのナシゴレンやタイのガッパオ、カオニャオ（餅米）のデザート、イランのバガリポロという空豆とハーブの炊き込みご飯、同じくイランのゼレシュクという赤い干した果物とサフランの炊き込みご飯（イランの炊き込みご飯は、これ以外でも本当に美味しいものが多く、米料理文化が成熟しているというのが私的見解。ちなみにイランのご飯の炊き方も火加減やら何やらが大変難しい）……。

思い浮かべてみるとキリがないが、他にはスペインのパエリア、そして長く暮らしていたポルトガルの鴨の炊き込みご飯（大好きで毎週一度は食べていた）もある。

そう、私はリゾットのようなドロドロしたものより、パサパサの米料理が好きなのだ。なのでイタリアでは、リゾットがいくら姑を含む家族にとって大好物で頻繁に振る舞われても、あまり率先して食べることはない。姑が鍋から私の皿にリゾットを盛りつける時に「私はちょっとでいい」と言うと、「ああ、あんたはあのパサパサ米に洗脳されているからね」などと、冗談だか嫌味だかわからないことを言われるが、決してリゾットが嫌いなわけではない。ただ、やはりご飯は丁寧に時間をかけて炊き上げた、粒がつややかに誇り高く独立しているのが、私にとっての極上の、そして理想の米のあり方だ。

ついでに言うと、私は米と同じく人間もベタベタしているのは得意ではない。

Ⅳ　たまご愛

大分前になるが、長期にわたる蕁麻疹に悩まされ、病院でアレルギー検査を行った際に、唯一要注意の食べ物として「卵」という結果が出たことがあった。医師には「完全に食べてはいけないというわけではありませんが、多分摂取し過ぎの傾向があるので、なるべく控えて下さい」と言われ、一応指示に従ってしばらくの間一切の卵類を断った食生活をしてみたのだが、それによって私は、人生で初めて自分がとんでもない卵好きであると自覚するに至った。卵の食べられない人生なんて果たしてあり得るのだろうかという不安に苛まれるくらい、卵ナシの食生活に絶望感を感じたのである。

一方、私の身近にいる家族や友人たちは、私が卵過剰摂取な暮らしを送っていたことを告げると、「ああやっぱり……」と皆一様に納得。自覚している以上に、私の卵好きは周知されていた。

確かに日本では居酒屋へ行くと必ず卵料理を注文する。その店にまた戻って来たくなるかどうかは、そこで出される玉子焼きの味による、という自分なりの基準があるのだ。卵を美味しく料理できる店は大抵お気に入りになる。

イタリアでもピッツァを頼む時は、必ず真ん中に半熟の卵を乗せてもらうし、普段滅多に食べたい気持ちにならないパスタも、カルボナーラであれば食欲をそそられることもある。しかし、残念ながらイタリアは卵料理のバリエーションがそれほど多くなく、それがこの国に長年暮らしていても、イタリア料理というものを心底から好きになれない理由なのかもしれない。

*

ポルトガルに暮らしていた時は、土地の様子も何もかもが肌に合って、私は心身ともに絶好調な日々を過ごしていた。考えてみれば、あの国はスイーツ部門における卵大国である。日本でも南蛮人が運んで来たお菓子が今も九州にいくつも残っているが、それらは大体卵をふんだんにつかったスイーツである。カステラ、鶏卵素麵、ボーロ。全て卵の味を堪能するスイーツだ。黄身をたっぷりと使ったカスタードクリームも、イタリアでは婆さん世代が「クレーマ・ポルトゲーザ（ポルトガルのクリーム）」と呼称しているくらいだから、あれもポルトガルがオリジナルなのかもしれない。

ポルトガルの卵素材のスイーツのほとんどが、もともとは何世紀も前に修道院で生み出され、僧侶たちによって食べ続けられていたものがルーツになっている。日本でも「エッグタルト」という名称で知名度を上げた「パステル・デ・ナタ」も、修道院伝来のものである。高位の僧であれば、一日に卵三個まで食することができたという話を聞いたことがあるが、それにしても尋常ではないコレステロール値だったのではないだろうか。他人ごとではないのだが、今でもおそらくポルトガル人は知らず知らずのうちに一日少なくとも一個以上の卵を食べているのではなかろうかと勝手に推測をしている。

先日六年ぶりに、リスボンにある我が家の掃除に戻ったのだが、ついつい周辺にある馴染みだったカフェで、またしても大量の卵菓子を食べてしまった。留守の間、同じ区画の数軒隣に「二〇一五年度エッグタルトコンテスト一位」の店まで出来ていて、一週間の滞在中は毎日そこのエッグタルトが私の朝メシとなった。

ポルトガルで好きなお菓子を挙げるとキリがないのだが、特に大好きなのは「天使のほっぺ」という、名前通りのふわふわのスフレのようなお菓子と、「モロトフ」と呼ばれる、たっぷりのメレンゲを低温で焼いたこれまたふかふかのお菓子だ。この二つはどこの店にも置いているわけではないし、リスボンに暮らしている時もしょっちゅう食べることができたわけではないが、いまだに想像するだけでも涎を分泌させるほど、私のツボにはまったスイーツである。

しかし、一度そのリスボンで卵に関する大失敗をしたことがあった。私は日本でも生卵が大好きで、卵掛けごはんをしょっちゅう食べていたのだが、ポルトガルに引っ越して間もなく、私はこの卵掛けご飯が原因で病院送りになってしまったのである。

病院の医師には「生卵を食べた⁉　死にたかったのかい？」と言われるまで、私はこの国の生卵にサルモネラ菌が多く生息していることを知らなかったのだった。それまでの人生でも何度も食中毒を体験してきたが、生卵がもたらす食中毒は半端の苦しみではなく、以来、海外ではどこの国にいてもさすがに生で卵を食べることはなくなった。卵というものが、一歩間違えれば身体にとって恐ろしき影響を及ぼす食材であることを忘れてはならない。

かつて北海道のテレビで温泉や食のレポーターをやっていた時に、ダチョウを飼育している農園にお邪魔して、ホットプレートで焼いたダチョウの卵の目玉焼きという信じられないものを食べたことがあった。卵好きの私でも思わずたじろいでしまうほど、大きさも厚みもある巨大目玉焼きだったが、醬油をかけたりしながら頑張って半分は食べただろうか。その夜、身体中にびっしり地図のような蕁麻疹が現れて、これまた大変苦しい思いをした。過剰なボリュームの卵の摂取に対するアレルギー反応だったのだろう。

＊

そんな惨憺たる思いをしつつも、結局卵を完全に断つ暮らしができなかったのは、どうもあの味覚と食感に取り憑かれていることだけが理由ではない。

『ルミとマヤとその周辺』という昭和を舞台にした作品で、小学生の主人公が通う学校のクラスに経済環境が豊かではないいじめられっ子がいて、彼が悲しい理由で別の町に転校をしなければならなくなった時に、お母さんが大量の茹で卵を「今までお世話になりました。みんなで食べてください」と持ってくるというシーンを描いた事がある。あの作品はフィクションではあるのだが、概ね私の過去の記憶がベースになっていて、この卵のエピソードも実際にあった話である。

その彼が風呂敷包みを開けると、中から出て来たのは大量の茹で卵だった。それを目の当たりにしたクラスの子供たちは大騒ぎをした。しかし、その子が私と同じ母子家庭の子供であり、生活に困窮しているにもかかわらず、転校する前にクラスの友達に何か持って行かなきゃと思ったお母さんの気持ちを慮るといたたまれず、私はその茹で卵を皆が騒ぎ立てる中でひとりで頬張った。

戦時中、卵がいかに貴重なタンパク源だったかという話を、母から耳にタコができるくらい聞いていたのも影響していたのだろうけど、卵という食材は、その小ささやシンプルさに見合わない、生命力や温もりが込められている食材なのだ。

バングラデシュのドキュメンタリー番組で、卵を運んでいたおじさんが車とぶつかりそうになって、思わず片手に抱えていた大量の卵の籠を地面に落として全て割ってしまい、大粒の涙を流しながらその惨状を悲しんでいるというシーンを見たことがある。それが野菜のような食材であれば何も思わなかったのかもしれないが、卵だっただけに思わず感情移入して、おじさんにもらい泣きしてしまったこともあった。

卵とは、慎ましやかながらも人の食の歴史を支え続けてきた、偉大なる食べ物なのである。

V　シチリア島で餃子を頬張る

二〇一六年の年末にＮＨＫで放送予定の番組の取材のため、俳優の北村一輝さんとフィレンツェ、ローマ、そしてシチリア島のパレルモとエガディ諸島のファビニャーナ島などを巡ってきた。北村さんとは同年の春にも同局の画家カラヴァッジョを巡る旅でご一緒したばかりだが、今回は評判の良い観光地を訪れるメジャーなイタリア紀行とは趣向を少し変えた、若干マニアックとも言える内容の番組になる予定で、我々は八日間掛けてこれらの地域を巡った。

毎回、イタリアでのテレビ取材がある時は、日本から遥々やってきたスタッフの方たちと、様々な地域のイタリア料理を頂くわけだが、今回も取材のスタート地点であったフィレンツェでは撮影の合間を縫って、先述した私の学生時代からの大好物「ランプレドット」を出す屋台へ寄り、夜は名物のフィレンツェ風ビフテキを食べに行くことにした。日中であっても白い息が出るほど寒く、どんなに胃を満たしてもなんだか物足りない心地で過ごしていた私たちは、十人で分配してもひとりあたり二百グラムはあると思しき肉の塊を平らげようと意気揚々だった。しかし、食べ始めてから数十分、ぼちぼちリタイアを宣言する声が上がり始め、ウェイターから「ほら、まだ残ってるぞ！」と指摘されるも、最終的には肉を骨までしゃぶるという当初の目的は達成できなかった。

グルメ大国イタリアにやってきたという気負いも、スタッフの平均年齢が四十歳以上ともなると、限界があるということなのかもしれない。考えてみたら、昨今の私のイタリアにおける食生活も、ほぼ毎日あっさりしたものばかりである。パスタも肉も、食後の胃もたれが気になるという理由で積極的には食べない。最近はイタリアでも健康的な食材として人気のある豆腐が入手できるので、それを具にしたみそ汁かお茶漬けばかり作っている。胃腸は加齢に従順なのである。

＊

しかし不思議なことに、疲れた胃が果たしてあっさりさっぱりしたものばかりを求め続けるのかというと、そうとは言い切れない。この世には、炭水化物と肉で作られていて、かつ、どんな胃腸の状態であっても大丈夫、という不思議な食べ物が存在するのである。

フィレンツェでのロケを終え、次の目的地ローマへ向かう列車の中で、北村さんやスタッフと「今晩メシどうしようか」という話になった。「胃に負担がないものにしたいなあ」というダラダラとしたやり取りのあげく、誰ともなく「餃子が食べたい」と、その胸中を吐露しはじめた。

実は、その日のランチにラビオリを食べていたのだが、その段階からすでに我々のテーブルでは餃子の話題が飛び交っていて、東京の店ではどこがおすすめか、家で焼く時のコツは何か、なんていうやりとりがあったばかりだったのだ。おそらくその時から皆の潜在意識には「餃子」の二文字が刻印されていたのだろう。

夜九時頃にローマに着くと、仕事と移動の後で疲れてはいたけれど、ホテルのチェックインも後回しにして、そのまま市内の老舗和食レストランに直行。我々はテーブルに着席するなり、日本風の水餃子と焼き餃子とビールを頼んだ。

餃子への思いで頭の中をパンパンにさせながら食べる餃子の美味さは、きっと読者の皆さんもよくわかっているだろう。なので、あえてここではヘタな言葉を選んで形容を試みるまでもないだろうが、私としては、かつて浴槽のない生活を二年過ごした後に日本へ戻り、やっと湯船に浸かった時の、意識が遠のくほどの心地よさに打ちのめされた感覚、あれに近い戦慄が身体中に走った。大袈裟なようだが本当だ。頗る美味しいものを口にすると、いったいどんな神経伝達物質が脳内に分泌されるのか知らないが、おそらく一口目の餃子を頰張ったあの一瞬、口の中以外、私は自分の身体の他の部分に関してはほぼどうでもよくなっていた。

我々の舌は、餃子のあのつるっとした皮が素晴らしい企みを抱えていることを知っている。舌があの皮の食感を捉えた瞬間、「おっ、今から凄いことが起きるぞ！」というお楽しみ待ち構えモードになり、嚙み砕かれた皮からブシュッと溢れる肉汁と、いいあんばいに味付けされたホクホクの具で口の中がいっぱいになる。と同時に、我々の意識は法悦状態へと導かれる。

ハッと気がつくと、テーブルの上の餃子の皿はすっかり空になっていた。全員の顔の血色も数時間前とは打って変わったように良くなり、表情もすこやかになっている。我々は心身ともにすっかり元気になってホテルへ帰り、そのまま幸せな眠りについたのだった。

その翌々日のことである。朝の撮影の後、私と北村さん一行は別行動を取っていたのだが、午後に再び集合すると彼は私の顔を見てにやりと笑い、「実は今日の昼も中華料理屋で餃子食べてきちゃった。青島ビールで」と嬉しそうに一言。途端に私は平常心を失い、おかげで午後の取材は再び餃子の妄想で頭がいっぱいになってしまった。ヤマザキマリがセレクトした知られざるイタリアをご案内する旅番組の撮影だというのに、頭の中が餃子とビールでいっぱいになってしまうとは、なんとけしからんことであろうか。こうなったら撮影が終われば、自分だけでもその店に餃子を食べに行こう、そう心に決めた。

その夜、中華料理屋の丸テーブルには、私とスタッフ、そしてなぜか昼にもそこにいたはずの北村さんとへアメイク氏の姿もあった。「餃子っていくら食べても飽きないよね」という言葉で、どんな行動も許されるような気が私たちにはしていた。その中華屋で出された餃子は日本のものよりも遥かに厚い皮でくるまれていて、味も抜群に「美味しいよね！」とは言い難いものではあったが、そんなことはどうでもよかった。イタリアで餃子は「中華風ラビオリ」と呼ばれているが、自分たちの地域の料理に保守的なイタリア人たちにとっては、このくらいコシのある皮の食感の方が、気持ち的に受け入れ易いのだろう。後日調べてみたのだが、ラビオリ自体がもともと東方から伝えられた餃子を起源とする説もあるようだ。

『テルマエ・ロマエ』でも、主人公ルシウスが温泉街で入ったラーメン屋で店の大将からサービスされた餃子のうまさに感動し、一個だけ浴衣の袂に入れて古代ローマに持ち帰り、そこでも同じようなものを作らせるというエピソードを描いたことがある。実際に餃子の歴史はとんでもないくらい古く、紀元前六世紀、中国春秋時代にまで溯るとまで言われている。

しかも、この小麦粉の皮で肉などの具を包む餃子的な料理は、アフリカや南アメリカに至るまで世界中に存在していて、古今東西の人間の味覚を惹き付けて止まない魅力があることが窺える。中国西部を旅した時も、餃子専門店で数えきれないくらいの餃子を毎日食べまくり、ガイドさんに「あんた大丈夫か」と心配されたが、むしろその逆だった。某製菓会社のキャラメルの箱には「一粒で三百メートル」という宣伝コピーが書かれていたが、私なら「餃子一個で千メートル」はいけるだろう。

さて、取材も終盤に差し掛かり、シチリアのパレルモでスタッフ全員で夕食を食べる

「最後の晩餐」を迎えた。地中海に浮かぶ島シチリアといえば、イワシやウニのパスタ、カジキマグロ料理など、近海の新鮮な食材を使った海産物料理で有名な土地である。しかしなぜかその夜、我々日本人クルー全員が座っていたのが、パレルモの小さな中華料理屋だった。狭いテーブルに皆びっしり肩をくっつけ合いながら、ここでもまた餃子を待っていたのだ。シチリアへ来てから三日目、美味しい魚介類もたくさん食べてはきたのだが、最後の夜は本当に食べたいものを心置きなく食べよう、ということになったのである。

そんな私たちの前に運ばれてきたのは、もちろん皿にてんこ盛りの餃子であった。橙色の電燈が灯された生暖かいパレルモの夜、映画『ゴッドファーザー』の舞台となったマッシモ劇場からそう離れてもいないその小さな中華料理屋で、私たちは青島ビールで思い切り乾杯をし、心ゆくまで皮の厚い餃子を食べたのであった。

Ⅵ　串刺しハングリー

古今東西、人間というのは、どういうわけか串に刺さった食べ物が好きである。世界中どこへ行っても、食材を串に刺した郷土料理が存在しているし、それらのほとんどは大衆グルメのカテゴリーに属し、誰からも愛される国民的メニューとなっているのが常である。

箸やフォークを使わずに食べ物を口に運べるという便宜性もさることながら、視覚的効果によって味も何割か増すように思われる串刺し料理。肉でも魚でも野菜でも、串に刺してしまえば、普段とは明らかに何かが違う特別な美味しさを纏ったような様子になるのが不思議だ。鮎やヤマメのような川魚にしても、串に波状に刺して焼いただけで、まるでついさっきまで清流で泳いでいたのを捕らえてきたばかりのような新鮮さを醸し出し、サバイバル中にやっとのことでありつけた食事というようなワイルドでハングリーな気持ちになる。

串料理が好きな私の個人的見解かもしれないが、串というのは美味しさを演出する効果が絶大なのではないだろうか。例えば、醬油で煮た何の変哲もない板状のこんにゃくにしても、串に刺し少し捩って出すだけで旨味が増すような気がしてしまう。うちの息子は子供の頃、お腹がいっぱいだからと残した肉や野菜を、あらためて串に刺しただけで喜んで食べてくれたものだった。

日本の串刺し料理の筆頭は、何と言っても焼き鳥だが、それ以外にも魚の串焼きにおでん、大阪の串揚げや串カツがある。団子や田楽なんていうのもそうだ。海外であれば、中東などのイスラム圏で広範囲に食べられている様々な種類のケバブがあるし、アジアであればタイやインドネシア、フィリピンなどで食べられている「サテー」が有名である。さらにインドの焼き鳥「チキンティッカ」、中国の屋台料理である羊肉の串焼き「ヤンローチャン」、ギリシアの「スブラーキ」、ブラジルの「シュラスコ」、韓国の「サンジョク」……。

それぞれ串の形や長さはいろいろだが、私の記憶の限りでもこれだけのものが存在するのだから凄い。欧米でも休日になれば人々は仲間たちを集め、金属の串に肉やら野菜を刺して炭火で焼いて食べているし、イタリアでも肉や魚介を「スピエド（剣）」と呼んでいる棒に刺してグリルで焼いた料理が、レストランなどでも普通に供されている。かつて訪れた南太平洋の小さな島の部落でも、串刺し肉を食べたことがある。とにかく、串刺し料理というのは世界中のどこにでも存在するのである。

＊

そもそも人類はいつ頃から、このように食材を串に刺して焼いたものを食べるようになったのだろうか。

そのルーツは何と前期旧石器時代にまで遡るらしい。ドイツのある地域で三十万年前に誰かが食べた串焼きと炭火の痕跡が残っていたそうだが、ちょっと待って。三十万年前というと、石器を使うホモ・サピエンスが現れ、狩猟採集社会が形成された時期にあたるが、串焼きの食文化はその頃に発生したものだということだろうか？

そんなに大昔から人が食べ物を串に刺していたとは全く想像もしていなかった。昔から変わりない食のスタイルというのはいろいろあるだろうけど、串焼きは、その中でもダントツで古い食べ方ということになりそうだ。

まあそれだけ原始的な調理法だったということだろう。フォークや箸を使わない時代に熱いものを食べるのに串が便利だったのだろう。ギリシアのサントリーニ島では、紀元前十七世紀に使われていた串焼き調理用の大理石の台が見つかっているが、鍋やフライパン状の調理器具が開発されるまでは、やはりこの調理法が一般的だったらしい。当時の人たちもそこに魚介や肉を突き刺して火でじっくり炙っていたのだろうけど、このようにして串焼きが食べられている場所であれば、たとえそれが今から四千年前であろうと三十万年前であろうと、日々の食生活に希望を持って生きていけそうな気持ちにはなる。

ちなみに私は、串焼き料理を串から抜かずにそのまま頬張りたい派で、頼んだ焼き鳥をシェアするために串から肉が外されるのを見ると、意気消沈してしまう。確かにそうすることで何種類かの焼き鳥を一口ずつ味わえるお得感はある。でもやはり自分が頼んだ串焼きは、串一本丸ごと独占して食べたい。本能の中にあるだろう狩猟民族時代の遠い記憶が、原始的で利己的な食欲を呼び覚ますからなのだろうか。串焼きはやはりお上品にではなく、口の周りを脂でベトベトに汚しながら、喰らい付きたいのである。

本項を書きながら、浮かれ気分で世界には他にどんな串を使った料理があるのかと、ネットで「串刺し」と検索を掛けてみた。すると次々に恐ろしい画像が出てきてしまい、激しく狼狽《うろた》えた。確かに「串刺し」というのは調理法である以外に、生き物を殺したり、拷問の手段として実に多くの地域で古くから人々が使っていた残酷な手段でもある。中世の書物には、串刺しの刑に処された人々を目の当たりにしながら食事をしていた公爵の版画が残されている。何ともおぞましい話ではあるが、全くわけがわからないということでもない。考え過ぎかもしれないが、串刺しの刑に処される人は敵対者にとっては〝獲物〟であり、串を使った料理の特別感は、人間の潜在意識下にある狩猟の野蛮性と生存欲によってもたらされるものなのかもしれない。

だとすると、焼き鳥を頬張って「美味い！」と感じる時、それは日常生活の中で、最も我々の感覚が原始にかえっている瞬間ということになる。綿あめだろうとおでんであろうと、串に刺さったものを食べる時、私たちは皆、三十万年前から変わらぬワイルドでハングリーな精神を密かに覚醒させながら、味わっているのである。

Ⅶ　世界の「病人食」

私は見た目が丈夫なので、病気はあまりしないと思われているようだが、実は病気や怪我の体験が豊富にある。子供の頃から、病は気合いで制御できるものだと信じていたところがあり、無理をしてそれが大抵裏目に出るというケースが多い。

中でも「これはダメだ」と弱音を吐かざるを得なかったのは、十四歳の冬休みに欧州を一人旅していた時である。メンタル的な負荷が大き過ぎたのか、それまでに感じたことのない強烈な緊張感で、さすがの気合いも萎えてしまったのだろう。

フランスのリヨン近郊に暮らす母の学生時代からのペンフレンド宅にたどり着いたその夜、私は激しい嘔吐と寒気と高熱に見舞われた。お世話になったフランス人家族は、到着したばかりの客がそんな有様になったのを見て大騒ぎをし、ベッドに私を寝かしつけると上からずっしり重い毛布を何枚も掛け、大きな錠剤を飲ませた。毛布の重さもあって寝苦しい一夜を過ごすも、薬が効いたのかその翌日には熱も下がり、腹痛もおさまった。

フランス人家族はそれを見て胸をなで下ろし、早速体力を消耗した私のために食事を運んできてくれた。お盆に乗せられた深皿にはコンソメのようなスープ、傍にはピンク色の大きなハムが添えてあった。「これを食べれば元気になるわよ！」と言われて私はスープを飲み、ハムを食べた。こういった時に日本ではお粥が定番だが、スープはともかく、「なぜハムなのだろう？」と思いつつもそれを頬張ると、新鮮な美味しさが胃袋に染み渡った。病人に食べさせる食事というのはそれぞれの家庭によっても違うのだろうが、その家では新鮮なハムが体力を回復させると伝承されてきたのかもしれない。

では隣国イタリアではどうなのか。イタリアでも私は何度か入院したことがあるので、彼の地の病人食についてはかなり詳しいという自負がある。まず家庭内において「今日はちょっと具合が悪い」と言うと、大抵食べさせられるのが、茹でた白米か「ブロード」と称されるコンソメスープで、多くの家庭はそこに「パスティーナ」という小さなパスタを入れる。パスティーナにも、細いスパゲッティを細かくしたもの、丸くて中に穴があいたもの、麦の粒のようなものなど、いろいろな種類がある。病人でありながらもパスタの形状をあれこれ楽しみたい、というイタリア人の欲求の産物なのだろうか、それはそれで面白い。

さらに欠かせないのがマッシュポテト。イタリアで入院をすれば、ほぼ毎日昼か夜にマッシュポテトが出る。これにあっさりと調理した鶏肉やにんじんを煮たものなどが加えられるが、はっきり言ってバリエーションは少ないし、食の大国イタリアといえども病院食は激マズい。同部屋に入院していたオバさんには優しい娘さんがいて、毎日家からタッパーに入れた美味しそうなパスタや肉料理を差し入れていたし、そこにさらに家から持ってきたオリーブ・オイルを垂らして、美味しそうに食事を取っていた。普段と変わらないものを食べることは、病人として良いことなのか悪いことなのかよくわからないが、とにかくマッシュポテトとスープだけのルーティンにストレスを溜めることは回避できるのだろう。

もう一つ、イタリアの病人に欠かせないのが、赤ちゃん用のビスケットである。赤ちゃんが離乳するときに与えるもので、栄養分もそこそこ豊富でしかも大変消化の良いフィンガー状のビスケットなのだが、味はほとんどない。しかし夫の実家にかつて暮らしていた百歳近い婆さん二人は、毎日このビスケットをボリボリ美味しそうに頬張っていた。

＊

先述したように、数年前に私はチベット旅行をした。標高五千メートル地点を走る青蔵鉄道に乗ってチベットの中央部ラサを目指したのだが、その車内で高山病に倒れた。同じコンパートメントをシェアしていた内モンゴル自治区からやってきた家族が、死にそうな様子の私を慮って差し出してくれたのが、牛の干し肉だった。

私の枕元に干し肉を三枚ほど並べて、ジェスチャーで「これを食べれば元気になるから食べろ」と示してきた。有り難かったが、その時の私にとって干し肉は、この世で最も受け付けられない食べ物と言ってよかった。冷や汗をかきながら、それでも感謝を伝えようと、手元にあったノートに「感謝」と書いて見せたら、ご主人が今度はそのノートに何かを書込み、私に見せてくれた。そこにはでっかく「高山病」の文字……。わかってます。すみません、ほんとにご心配おかけしてと胸の中で思うも、すでに筆談をする気力もない。

ほうほうのていでラサに到着した私は、待機してくれていたガイドの人に連れられて地元の病院に行き、そこで点滴を二本打たれて翌日何とか回復した。そこで朝に出て来たのがお粥である。それを見て、心底ホッとした。いくら世界中の食習慣に適応していようとも、いざとなれば胃袋というものは保守的になるものだ。

元気になった私を見て喜んでくれたガイドさんだったが、その後まだ本調子ではないのを気遣って、彼女が街中の喫茶店で頼んでくれたのがバター茶だった。「あなたは今身体が冷えている。我が家ではこれを飲んで身体を芯から温める」と説明してくれた。チベットのバター茶とは、ヤクという牛の乳で作ったバターを茶葉と煮詰めた、ロイヤルミルクティーのようなもの凄く濃厚な飲み物である。要するに温かい脂肪の液体である。先述したようにその後訪ねたチベット族の家でも、何杯もこのバター茶を振る舞われて、私は再び消化不良に陥り、トイレから出られなくなった。「ヤマザキさん、胃調弱いね、鍛えないとダメね」とガイド氏に呆れたように言われたが、飲み慣れないバター状の液体を十杯も飲めば、どんなに胃腸が強靭な人でもそうなるだろう。「食の外交」というのが、口で言うほど容易ではないことを身をもって思い知らされた。

＊

キューバでボランティアをしていた時も風邪をひいたのだが、ホームステイ先で出されたのは黒豆の煮込みとバナナだった。キューバ全体が経済的にとても困窮していた時代だったので、病人のために何か特別なものを出すなんてゆとりもなかったのだろう。それでもその黒豆の煮込みは、日常食べているものよりずっとあっさりしていたし、バナナとの相性も良かった。そのずっと後のことだが、母がハワイの病院に入院した時、チリビーンズが出てきて、「ええっ、これって高齢者の入院患者に食べさせるべきものなの⁉」と思ったが、気がつくと母はモリモリと口に運んでいて、「これいけるわ」と満足そうだった。何はともあれ、身体が弱っていても食が進むのは良いことである。

ポルトガルに住んでいた頃、消化不良を起こしてぶっ倒れ、入院をした時には鶏肉を繊維状に裂いたものが入った「カンジャ」というチキンスープが出された。これが結構美味しくて、退院後も家でよく作って食べていた。知り合いのギリシア人が風邪でぐったりしていたときに食べていた「病人食」も、やはりチキンスープだった。アメリカでも入院中に野菜と一緒に煮込んだチキンスープが出たし、韓国料理の参鶏湯は滋養食の代名詞的存在だ。鶏肉というのはきっと古くから病人用の食として、広い地域で用いられてきたのだろう。

シリアで子供が体調を崩した時は、隣の家の奥さんからお米にヨーグルトを添えたものを食べさせなさいとアドバイスされた。イラン人の友人も同じようなものを病気になると食べていたという。中東ではどうもヨーグルトというのが病人食として幅を利かせているようだ。

南太平洋の島で調子が悪くなった時は、タロイモの葉をグチャグチャに煮たやつにココナッツミルクが掛かっているものを食べさせられ、あれも「病人食」というにはエキゾチックな味覚だったが、滋養にはなりそうだった。

「病人食」というのは、当たり前だが世界のどの地域においても味覚は優先されない。栄養や消化の良さが優先され、美味しさは二の次。それでも中には、先ほどのポルトガルの出汁の良く出た鶏肉スープや参鶏湯のように、日常でもふと食べたくなるものがある。日本のお粥やおじやもそうだ。

私をさんざん苦しめたチベットのバター茶も今なら味わい深く、当時の思い出に浸りながら飲めるだろう。たまにイタリアの姑が料理をするのが面倒になって、コンソメにパスティーナを入れ、上からパルメザンチーズを掛けただけの癒し食を家族に振る舞う時があるが、意外にこれが好評だったりする。夫も舅も「いやあ、なんだかホッとするなあ、ブロードは嬉しいなあ」などと言って食べている。

どうも人間というのは、かつて自分が弱っている時に食べたり食べさせられたりしたものを、健康な時にも食べることで「自分を癒したい」と思う傾向があるのかもしれない。もちろん年齢的なものもあるのだろうけど、そう考えると「病人食」というのは、日々を生きる人々にも大きな影響力を与える食事とも言える。

第5章

世界をつなぐ胃袋

I　ワインとナショナリズム

ワインの歴史は今から七千年も前に溯る。そんな大昔から人々はこの葡萄から抽出されるアルコール飲料に心と味覚を魅了され続けているが、オリーブ・オイルと同様にワインは、地中海世界で生まれた不屈で普遍の食文化の一つと言えるだろう。

ヨーロッパの人たちは、「ワイン・ナショナリスト」の傾向が強い。イタリア人ならイタリア産のものを、さらに自分たちの暮らしている地域や、家族や親戚に縁のある地域のものを選ぶ。これはフランスやスペイン、ポルトガルといったワイン多産国でも同じだろう。

ポルトガルに暮らしていた時は、近所の酒屋やスーパーマーケットの売り場に置かれていた八割が、ポルトガル産のワインだった。個人商店に数本だけ置かれていた隣国スペインのワインが気になって買おうとしたら、「ポルトガルにいるのにスペインのワインなんか飲むな。それはスペイン人の観光客用だ」と店主のオヤジに忠告され、薦められたアレンテージョ地方（ポルトガル中南部）のワインと取り替えた。スペインでも同じく、街中の酒屋には隣国であるはずのポルトガルもフランスのワインも置いていなかった。かつて夫の実家に帰省する際、何本か美味しいと感じたポルトガルワインを持って行ったことがあるが、棚にいったんしまわれたそれらのワインが実際に飲まれたのはその数年後、いつものワインを切らしてしまって止むを得ず、という理由によるものだった。

その夫の実家にフランスからの客人が、ボルドーの名酒を持ってきたことがあった。さすがに皆珍しがって飲みたがり、その場では盛んに「これは噂通り美味しい！」などと口にしていたが、客人が帰った途端、「でも、本当はあのワインより絶対地元のワインのほうが美味しいよな……」などと小声で漏らしていたこともある。私はボルドーの名酒の方が遥かに美味しかったのだが、彼らのワインに対する保守性とその徹底ぶりは、我々日本人やアメリカ人のような「多国籍食文化受け入れ型」には、かなり信じ難いものがある。

二〇一七年に私は、シャンパーニュ委員会日本事務局が企画するアワードで〝生きる歓び賞（Joie de Vivre）〟なる賞を頂戴し、受賞の記念に様々な種類のシャンパンを副賞として頂く機会があった。ちなみに「シャンパン（フランス語読みだと『シャンパーニュ』）」とは、発泡性のワインのことを指すが、中でもフランスのシャンパーニュ地方で生産されたもののみを「シャンパン」と呼ぶ。基本的に発泡酒が好きな私には願ってもみなかったありがたい賞だったのだが、そのことをイタリアへ戻った折、家族に報告すると、どうも思ったような反応がない。

「大体シャンパンって、そんなに美味いと思うかい？」という義父の投げかけに、「発泡酒だったら『スプマンテ』いや、今なら『プロセッコ』でしょう」などと地元産の発泡酒の名前があがる。「シャンパンは泡が細か過ぎて好きじゃないな」と夫が言えば、「あの繊細過ぎる感じがちょっと苦手」と義弟。何なのよみんな。私の賞を祝福して頂戴よ、と思わずツッコミを入れざるを得なくなった私だが、どうも会話を聞いていると、シャンパンには相当気取ったイメージがあるらしく、発泡酒を日常でもっと手軽に飲みたい彼らにとっては、その高級感が受け入れ難いもののようだった。

確かに私も最近はヴェネト州産の発泡酒である「プロセッコ」にハマっていて、イタリア滞在中には毎日普通に食事とともに飲んでいる。夫と車でパドヴァ近郊のワイナリーまで箱買いをしにいくこともあるが、価格的にもリーズナブル。そしてどんな料理にも合うし、毎日手軽に飲める。その点では私もシャンパンより地元の発泡酒に軍配を上げてしまうだろう。やはり飲む時に特別な心構えをしなければならないワインは、私的にはちょっと肩が凝る。

*

一九九五年にイタリアから日本へ一時帰国した時、イタリアンやフレンチのレストランでこじゃれた服装に身を包んだ人たちが、ワインの注がれた高級そうなグラスの脚をすっと伸ばした人差し指と中指の間に挟み込み、グルグル回しながら飲んでいるのを見て、唖然としたことがあった。それまで暮らしていたイタリアでは、その辺で買って来た一本数百円のワインをコップに注いでガブガブと飲んでいる人たちしかおらず、そんなお上品で凝った飲み方を目にしたことなど皆無だったからだ。知らない間に日本人がヨーロッパのハイソな食習慣を身につけていたことに戸惑いを覚えると同時に、異国の食文化に対するボーダーレスな好奇心や積極性に感心を覚えもしたのだった。

一方で、自分たちの地域の生産品にこだわり続けるイタリア人の間で、いろいろな地域のワインを飲む〝利き酒〟が流行する日が来るとはとても思えない。

ワインの地域的特徴に対する嗜好は、欧州の国々が今のような境界線で仕切られるより遥か以前の古代から見られたもので、その頃からワインはすでに格好の蘊蓄のネタとなっていた。他の食材や香辛料であれば、どこにあるかさえわからぬ遠くの属州から運ばれてくるものであっても受け入れられたが、ワインに関してはそうはいかなかったようだ。

古代ローマ時代はギリシアの葡萄品種が最高のものとされ、イタリア半島内でも広範囲にわたって栽培されていたらしく、その生産量はギリシア地域を上回っていたという。現代で言えば、カベルネやメルローといったフランス産の葡萄が世界各国で作られ、それを原材料にそれぞれの国のワインとして加工されるのと全く同じ要領である。

古代ローマ時代、数あるワインの中でも、皇帝など貴族たちが最も好んだとされるのはファレーリ（イタリア中西部）産のもので、熟成には十年から二十年の期間を要していたとされる（ちなみに二十年を越えたものは吐き気を伴うほど不味かったらしい）。その他のワインについてもそれぞれの特徴が記録として残されており、酸味があるとか土臭いとかとろみがあるとか、現代の人間とほぼ変わらぬ評価をしているのが興味深い。

アルコールが持つ中毒性は、すでに当時の医学において危険なものとして指摘されていたようだ。それにもかかわらず、排除されるどころか執拗とも言えるほどのこだわりを増長させていったところに、ワインの持つただならぬ力を感じずにはいられない。

古代ローマの博物学者プリニウスは、ワインについてこんなことを書き残している。

人間生活にこれくらい多くの労働が費される分野はない（略）人間の精神を倒錯させ、狂気をひき起し、無数の犯罪の原因となった。そしてひどく魅力があるため、人類の大きな部分がそれ以外に生き甲斐あるものを知らないようなそんな物の値として、大変な骨折り、労働、金銭を費すのだ。（『博物誌』）

全能の神ユピテルの太腿から生まれたバッカスが酒神として君臨している限り、人間がこの至高の飲み物から関心を背けることは、おそらくこの先も不可能だろう。キリスト教ですら、ワインを神聖化させてしまったほどなのだから。

II　チーズと寛容

子供の頃は大嫌いだったはずの食べ物が、大人になってからなぜか好物になる。そのような経験は、私に限らず多くの人に心当たりがあることだろう。身体の成長や食生活の変化（飲酒の有無を含む）に適応した舌が美味しいと認めるようになる食べ物——私にとってはチーズがそれだ。

いまだに英語の「プロセス」という言葉を聞くと、それがどんな用いられ方をしていようと私は「プロセスチーズ」を思い出してしまうのだが、日本人にとってもチーズといえば、この間まではあの硬くて比較的クセの少ないものを意味していたのではないか。西欧の食文化で何世紀も前から発達してきたありとあらゆる種類のチーズが、日本でも市民権を持つようになったのは、ワインがブームになり始めたバブル期くらいからだろう。

よく考えてみれば、日本人が世界の多様なチーズをここまで受け入れられたというのは実に画期的で、日本人の舌の並外れた寛容性と順応性を意味するものでもある。

おそらくどんな国にも、腐るギリギリのところまで熟成していたものが、ひょんなことから陽の目を見て、貴重な食材として扱われるに至った「偶然の産物」のような発酵食品が存在するはずだ。しかし例えば日本の納豆が、日本でチーズが受容されたように味覚の偏見の壁を越えて、欧米で受け入れられる日がいずれ来るかどうかというと、甚だ疑わしい。

食文化において、保守的なナショナリズムが定着しているヨーロッパに暮らしていると、ワインやオリーブ・オイルだけでなくチーズも、その地域産のものしかなかなか手に入らない。日本のデパ地下などで、フランスやイタリアでも個性的とされる強烈な味覚や臭いのチーズが陳列されている光景は、見ていて何とも感慨深いものがある。販売されているだけではない。そういった世界の特殊なチーズを日本でも製造しているのだから恐れ入る。

以前、北海道のとある乳製品会社の御曹司にイタリア語を教えていたことがあった。

彼の目的は、イタリア北部のブレーシャという街にゴルゴンゾーラチーズの製造技術を学びに行くことで、そのための準備だった。やはり「食文化」というカテゴリーに絞れば、日本の〝外交能力〟は他国に比べて突出している。

＊

先ほどの「プロセスチーズ」ではないが、私が子供だった頃は、チーズなんて色気も素っ気も感じられない食べ物だったし、こんなものを美味しいと思う人の気がしれない、とすら感じていた。

十四歳で初めてフランスへ行った時、リヨン郊外にある田舎の家で、私は臭いも味も信じられないほど強烈なチーズを食べさせられて、倒れそうになったことがある。その時にテーブルに出されたのは「サン・マルスラン」という、その家族の暮らす小さな町と同じ名前のついたチーズで、人生で初めて食べた「黴のついた乳製品」だった。長旅の疲労と言葉のわからない国での一人旅という緊張もあり、胃腸も相当に弱っていたし、十四歳が美味しく頂戴できるはずがない。

それなのに次の目的地へと出発する日になって、この家のお婆さんが私に「お土産だよ」と、その熟成しきったサン・マルスランチーズを十個持たせたのだ。ドイツまでの車中、それも冬で暖房がよく効いたコンパートメントだったので臭いが充満し、同室の人々の大顰蹙を買いながら移動することになった。

振り返れば、この時の無謀な彷徨い一人旅は、味覚の修行も兼ねていたのだろう。ドイツでもその後再び訪れたフランスでも、どこでもチーズをさんざん食べさせられた。まるで「ヨーロッパを知りたいのならば、酒の味を覚える前にまずチーズの味を把握しなさい」と言わんばかりに。そのおかげもあってか、数年後イタリアに留学した時は、クセのあるチーズを口にしても、難なく美味しいと思えるような舌になっていたのだった。

こうした経験をふまえて考えてみると、美味しいと思えないものを無理やり食べるところから、「味覚の外交力」が始まり、寛容性が生まれるのかもしれない。

*

チーズは、地球上にある加工食品の中でも突出して歴史の古いもので、その起源は先史時代にまで溯ると言われている。ヨーロッパではヘレニズム時代（紀元前四〜前一世紀頃）に一般にも普及したそうだ。もともとは、大事なタンパク源であった動物の乳を保存するために作られていたものらしい。古代ローマでも、チーズは日常的な嗜好品として好まれ、すでに当時から日持ちしないフレッシュタイプのチーズと、日持ちする熟成タイプの二種類が存在していたという。当時作られていたチーズと現在のものは、味も製造法もさほど変わりがないというのも興味深い。古代ローマ人は、チーズをそのまま食べるだけではなく、料理の材料としても盛んに用いていたようで、食卓には様々なチーズ料理が並べられていたようだ。

それだけチーズを愛し、舌が肥えていた古代ローマ人のことだから、おそらく属州各地域で作られたチーズも楽しんでいたはずだ。その舌の肥えっぷりと寛容さは、入浴の習慣と同様に、現代の日本人と通じるところがある。さらに彼ら古代ローマ人の味覚に対する寛容性は、あれだけの繁栄を実現した社会的外交能力ともシンクロしていたと言える。

味覚に限らず、外交というのは自分たちの慣れ親しんだ習慣や考え方のまま進めていては、いつまで経っても上手くいかないのではないか……。昨今の世界情勢をニュースで追っていると、そう思ってしまう。まずはとにかくみんな一つのテーブルを囲んで、世界のチーズや発酵食品を食べてみて……などととりとめのないことを考えてしまう、漫画家の脳味噌であった。

Ⅲ　ミラノ万博取材記

二〇一五年、テレビの取材のためにミラノ万博を訪れた。
「地球に食料を、生命にエネルギーを」というテーマを掲げたこのイベント。かかる莫大な費用と現在のイタリアの深刻な経済状況との軋轢もあり、開催前には政府と反対派の間で大騒動が起こったりもしていたが、実際ミラノ郊外の会場に赴いてみると、そこはひたすら平和なムードに包まれていた。

地球温暖化や自然破壊が影響を及ぼしていると考えられる異常気象による食料生産の危機、経済格差による食の供給バランスの崩壊……それぞれ食についての問題意識を持った各国のパビリオンが広大な敷地に並んでいる様子は、さながら小さな地球。政治的には互いに敵対し合っている国々のパビリオンが、ここでは近くに位置していて、お互いのスタッフが屈託ない様子で行き来している光景は、見ていてホッとする。

ドイツやアメリカ、日本、アラブ首長国連邦といった経済力がある国のパビリオンは、やはりその佇まいからしてインパクトのある存在感で、中に入れば手間の掛かった展示やパフォーマンスで人々を楽しませている。

例えばドイツ館は、気候変動と生物多様性、食料生産と消費廃棄処分といった社会的問題を扱い、それを子供から大人までが興味を持てるよう配慮して展示してあって、楽しみながら学べる構成になっている。さらに一歩パビリオンを出ると、そこではドイツビールとソーセージが楽しめるようになっている。他の国のどこよりも早くパビリオンを完成させたそうで、さすがドイツと唸ってしまう。かつてまだ幼い子供とルフトハンザ機でヨーロッパと日本を移動した時、機内で息子がもらったのは木工職人が作ったシンプルな知育玩具だった。質実剛健に見えてエンターテイメント性も怠らないドイツの完璧な演出力をここでも感じたのだった。

万博内でも大人気で、入場に何十分も待たされるという日本館も訪れてみたが、これまたドイツに負けず劣らず完璧な内容のものだった。日本館では生き物やそれを育む自然に対する恩恵や敬いを強調するような演出が施されていた。生きとし生けるものを口にする際に感謝を示す「いただきます」という言葉の由来についても説明されており、どの国よりもその相互関係を強く意識しているように感じられたのが印象的だった。

来訪者が最後に体験するバーチャル参加型パフォーマンスでは、和食のコンセプトが「京懐石」を例にとって紹介されていた。四季の彩りを活かした煌《きら》びやかな演出に、日本人というのはいかに食べるという行為と感性を結びつける国民であるかと、訪れた人々は思うだろう。

一方で、イタリアの新聞社によって「世界で最も酷い食べ物」とカテゴライズされてしまうジャンクフードやインスタント商品も日本ではたくさん生産しているわけだが、そういった食品についてはパビリオンの中ではもちろん一切触れていない。日本人の食に対する意識の多様性や社会的背景を理解してもらうためには、そういった食品の展示もあってよかったのではないかと思ったりもしたが、日本に限らずどこの国のパビリオンでも、やはり自国の一番ポジティブな部分を演出するのはやむを得ないことである。

一見平和に見える万博だが、その底流にはそれぞれの国家間の譲れぬ競争意識や隔たりといった穏やかならぬものがあることは忘れてはいけない。

食というのは、もはや生物としての人間の空腹を満たすためだけのものではなく、それが経済活動に大きく関与したり、国力を示す政治的ステータスであったりするものであることは、誰もが把握していることだろう。それだけではなく、精神性を大事にする生き物である人間にとって、食というのは、古代からメンタルの調和や触発を促すツールにもなっている。「太りたくないから」と拒食症になる人もいれば、ストレスが溜まって太る人もいる。もはや食と人間の関係は、一つの万博が提唱するテーマだけでは収まりきらないほど複雑で、調整困難なものになっているのが現状なのだ。

＊

しかしこの万博の面白いところは、そういった経済大国の抜け目ない演出以外に、弛んだ雰囲気の風通しのよい場所もあることだった。会場内には、大きな建造物を作るだけの経済力がない国々が集まるクラスターと呼ばれる空間が所々に存在するが、中には写真が展示されているだけで、入り口から出口まで五分とかからないところもある。あるいはエジプト館のように、しばらくはコストを掛けた演出が続くと思ったら、残り半分は完全な物産展状態になっていて、本国の観光地と同様、客引きのおじさんに付きまとわれる。つい乗せられて、気がつくとスカラベ（フンコロガシ）や象形文字で名前を書いてもらったパピルスを購入する羽目になった。

このような小規模パビリオンには、他の国のような立派なレストランはないが、出口付近に自国料理を食べることができる場所がある。私は、エジプトの空豆を使った「ファラーフェル」（中東風コロッケ）と、レバノン館のひよこ豆を使った「ファラーフェル」を食べ比べた。同じアラブ圏でも使われるアラビア語が違うように、同じ名前の食べ物でも食材や調理法が全く違う。その差異を体験できたのが面白かった。

このような小さなパビリオンの方が、よほどその国の日常食やありのままの国民性を表現していたところに、この万博の特徴があったかもしれない。

列国の錚々たるパビリオンが並ぶ間に、オランダからやってきたトラック屋台が並んでいて、そこはちょっとした憩いの場になっていた。屋台ではオランダの地元食を提供していて、購入して食べることができる。音楽を聞いたり、寛いだりするスペースもあって、建造物はなくても、その空間自体がオランダのパビリオンであることがわかる。自然に、普段通りに。自国の食について見て、経験してもらう。そもそも飽食や廃棄をなくそうというのが万博のコンセプトなのだから、このオランダの方法が一番理にかなっているという、責任者の言葉には強い説得力があった。実際夕方以降になると一番賑わうのが、このオランダのパビリオンだという。他のパビリオンで働いていた人も一杯やりに集まってくるそうだが、それにもとても納得がいった。

人間というのは、本当はもっともっとシンプルに食べ物と付き合っていきたいのかもしれない。国力や経済力といったものと食べ物を結びつけたりせず、気持ちの安らぐ環境で、必要なものを必要な量だけ食べる。そんなシンプルな関係こそが、飽食や廃棄を減らす近道なのかもしれない——何となくそんなことを感じられただけでも、意義のある万博取材であった。

Ⅳ　胃袋の外交力

食べるのは大好きだが、実は私の胃はそんなに丈夫ではない。教育的監視の目が届かぬ環境で育った私は、地面に落ちてしまったものを、それがたとえ舐め掛けの飴でも、ベタベタになった綿菓子であっても、表面の汚れを手で払うだけで平気で口にしていたし、冷蔵庫の中にあるいつが消費期限だったかわからない食べ物も、躊躇することなく食べていた。夕食代わりにインスタント麺やスナック菓子をしょっちゅう食べていた育ち盛りの私に栄養管理も何もあったもんじゃなかった。

現在の私の胃袋の状態を、そんな荒んだ食生活を送っていた過去にこじつけようというわけではないが、数年前の検査で胃にヘリコバクター・ピロリ菌が自慢の鞭毛を振り回しながら元気に暮らしているということが発覚した。ピロリ菌の感染経路はいまだに明確にはなっていないそうだが、幼少期に衛生環境が良くない場所で育った子供に感染するという説もある。だとしたら、かつて地面に落ちたお菓子などを平気で食べていた私が、ピロリ菌保持者であるのは全くもって当然の結果と言える。

母はかつて「ちょっとくらい消費期限が切れていたり、腐ってしまったりしたものでも、食べ慣れるようにすれば胃が丈夫になる。自分たちは戦時中悲惨なものを食べ続けていたおかげで頑強になれたのだ」と、毅然と私に語っていたことがある。でも、戦中戦後のドラマティックな食料事情の悲惨さと、高度成長期に自主的に邪道な食生活を送っていた私の食料事情は全く同じものではない。当時近所の食料品店や駄菓子屋で売られていたお菓子などに使われていた人工保存料や着色料は、今ではもう使用禁止になっているはずだ。帰宅後に公園に集まり、そんな駄菓子を食べていた私たち子供の舌は鮮やかなオレンジ色や緑色に染まっていたが、今自分の子供がそんな舌になっているのを見た途端、ご両親はたちまち大騒ぎするに違いない。

＊

そのように邪道な扱われ方をしてきた私の胃袋だが、人生で初めてその胃袋に対して頼りなさと失望を感じたのは、十四歳で欧州に一人旅に出かけた時だった。私はその旅で、人間の最も基本的なコミュニケーション・ツールというのは、言語でもジェスチャーでもなく、その土地で提供される食べ物を美味しく食べることだと知った。とはいえ、その時は行く先々で出されたものを頑張って食べたので、最終的には消化不良を起こして寝込んでしまったのだが。

それをきっかけとして、私の世界各国における過酷な胃袋修行が始まった。

十七歳での渡伊初日、ローマに到着した私を迎えに来ていた身元引受人のマルコ爺さんは、テルミニ中央駅のそばにあるトラットリアに私を連れて行き、そこで人生で初めてイタリア式フルコース料理を体験させられた。三皿目に供されたビフテキを食べている時、すでに緊張と時差で不安定になっていた胃袋が「限界！」のサインを送ってきたが、私はこれから自分を受け入れてくれる国と人物に敬意を示すべく、あるいはその義務感から、溢れる涙と全身から吹き出す汗を拭いながら完食した。

その後約十年にわたって続く想像を絶する極貧学生時代が始まり、贅沢が許されない生活の中で、私の胃袋は健康になったかに思えた。一緒に暮らしていたイタリア人やその家族から学んだイタリア料理を、コストを掛けずにいかに美味しく料理するかという術を習得し、私の胃は質素なイタリア料理と相性が良くなったかのように思えた。

イタリアにはたくさんの国籍の留学生や移民がいる。彼らと仲良くなると、一度は家に招かれて自慢の自国料理を頂く機会がある。ある日、イラン人移民の同郷の集いに誘われた私は、ペルシア語の飛び交うテーブルに並んでいた焼き茄子の上に何十個もの摺りニンニクが乗った料理を食べて、口から泡を吹き出して倒れた。挙げ句救急車で病院へ運ばれたのだが、診断はニンニクの過剰摂取が原因の急性食中毒だった。彼らが心から愛する料理を通じて、イランの人たちと仲良くなろうと努めた結果がそれだった。

その後も、
・キューバの豆と臓物を煮込んだ郷土料理
・南太平洋の村で出された蝙蝠のシチュー
・モスクワの謎の小骨だらけのネズミ色の得体の知れない肉の煮込み
・シリアの羊のどこの部位だかわからん内臓
・シカゴの一口だけで千カロリーはありそうなチーズピッツァ
・チベットの農家で出されたヤクのバター茶十杯
思わず箇条書きにしてしまったが、これら料理を胃袋に送り込んだ。たとえそれがどんな味のものであろうと、どんなに刺激の強いものであろうと、胃袋の外交能力を最大限に発揮しようと懸命に頑張ってきた。そのようにして胃袋を鍛えていれば、きっと世界中のどこでもだれとでも仲良くなれるだろう、「マルチリンガル」ならぬ「マルチ料理適応胃袋」になるのだろうと信じていた。

しかしその結果として、私の胃袋はピロリ菌の巣窟となった。半世紀以上も私という「肉の袋」を維持するため、過酷な環境下で食べ物を消化し続けてきたこの苦労性の胃袋は、二種類の胃炎を抱えて疲弊気味である。

考えてみれば胃袋というのは、人間の身体の中でも特にナイーブな臓器である。精神的なダメージがあるとストレートにその影響を受け易い。メンタルと胃はしっかりと繋がっているのだ。

食べることに積極的なイタリアの人たちが、食文化に対しては開かれた外交力を発揮できないのは、デリケートな胃にはなるべく過度な負担をかけないのが無難という、長きにわたる歴史から学んだ結果なのかもしれない。

でもやはり、言葉の通じない海外で美味しくその土地の料理を食べるということが、いかに接する人々とのコミュニケーションとして、素晴らしい効力を発揮してくれるのかを思うと、まだまだ私は自分の胃袋には頑張ってもらいたい。

そんなことを思いながらも、気がつけば梅干とカツオだしのお茶漬けをすすっている今日この頃だった。

あとがき

食事と風呂は人生における二大至福要素だ。美味しいご飯を食べている時もお風呂に入っている時も、基本的に人間はあれこれ難しいことを考えないようにできている。しかし、生きている歓びに浸るためのこの二つの嗜好を、私は若い時から長い間ずっと叶えられずに過ごしてきた。

入浴に関しては十代半ばから日本を離れ、浴槽のある家に暮らすことが叶わず、お湯に全身を包まれる渇望を募らせたあげく、私は古代ローマ人が日本の銭湯から突然現れる漫画を描いた。当時の担当編集者からは「渇望は創作の源だ。今までより生活が楽になっても、絶対に家に浴槽を付けるなよ。簡単に風呂に入れるようになると、想像力が萎えて良い案が浮かばなくなるぞ」と言われたものだった。

もちろん、その後私は引っ越し先のシカゴで普通に浴槽のある家を選んだけど、お風呂に浸かれるようになったからといって、想像力が萎えることもなかった。しかし確かに、お湯に身体が包まれる感覚を妄想でしか補えなかった頃の過剰な〝お湯ハングリー感〟はなくなったかもしれない。

食事に関してはどうであろうか。

本編でも述べているが、私は美食家ではない。食べ物にはかなり寛大で、どんなものでもそう簡単に「不味い」とは思わない。この味覚に対しての大らかさは、おそらく幼い頃からの食に対する渇望が影響していると思われる。

シングルマザーで音楽家として忙しかった母には台所に立つ時間など滅多になかったし、イタリアへ留学してからも絵に描いたような貧乏生活が長く続いて、私は常に「あれが食べたい、これが食べたい」という妄想とともに生きていた。あの頃、取り憑かれたように戦後の日本文学を読み漁っていたのは、単に自分と同じく常に空腹を抱えている登場人物たちに強く感情移入できたからだ。私の脳は毎日、浴槽の中でお湯に包まれる感覚と、遠く離れた日本の食事のあれこれを思い浮かべるのに膨大なエネルギーを消費していた。

どうしてもお寿司が食べたくなったら、お米に白ワインのビネガーを振りかけ、そこにモッツァレラチーズのスライスを乗せて、お醤油で頂く。寿司とは全く違う食べ物なのだけど、あれはあれでなかなか美味しかった。そう言えば、東京の高級な料理屋で最高の食材の料理とワインを口にしながら、十円で買えるスナック菓子がいかに美味いかという話に熱中し、一緒にいた人を呆れさせたこともあった。

つまり、私にとって食事とは、味覚を堪能してうっとり酔いしれるという寛ぎと癒しの行為ではない。どちらかと言えば、読書をしている時や映画を観ている時の感覚に近い。

フィレンツェでの極貧留学時代、私の周りにいた作家や画家たちも貧乏でしょっちゅうお腹を空かしていたが、その空腹を紛らわせたい一心で、おしゃべりに余念がなかった。そしてそのおしゃべりから得られる充足感は、胃が満たされる感覚よりも、あの頃の若い私にとっては欠かせないものになっていた。お腹が空けば空くほど、食への渇望が増長すればするほど、絵を描いたり本を読んだりする欲求にもスイッチが入る。高級なフランス料理であろうと、十円で買えるスナック菓子であろうと関係ない。想像力を湧き立たせ、気持ちを豊かに満たしてくれる料理こそが、私にとってのご馳走なのだ。

かつて旅行家でジャーナリストの兼高かおるさんとお会いした時に、訪れた土地でご馳走とされる食べ物を美味しくいただくことこそ、旅を楽しむコツだという話題で盛り上がった。

アフリカのとある小国の王様の自宅に招かれた兼高さんは、土間にある大台所で夕食の支度をしている料理人が、周りの人とおしゃべりをしながら、鼻の中から取り出した分泌物をポイポイと料理中の鍋に入れているのを目撃してしまったという。

その料理は客人へのおもてなしとして晩餐で振る舞われたそうだが、「無論、邪な思いを捨てて、一気に食べたわよ」と楽しそうに仰っていた。「つまり、塩分の役割だったのね」「えっ、そうなんですか⁉」「わからないけど、そうだったのじゃないかしら。いいのよ、地元の人とも仲良くなれたんだから。それにわたくし、食いしん坊だし」と愛らしく微笑む兼高さんは最強だった。

古今東西の食文化の比較や考察をイメージしながら書き始めたこのエッセイではあるが、読みながら、もしあなたの口の中に涎が溢れ出てくるような効果があれば、それはあなたの想像力を経由して、私の伝えたかった思いが届いたという証である。

最後になったが、この「あとがき」執筆のために私が費やしたエネルギーの糧は、炊きたてのご飯と温泉卵、それに頂きものの特製どらやきと金目鯛せんべいだった。どれもみな美味しかった。ごちそうさま。

二〇一九年二月
ヤマザキマリ

本書は、フジ日本精糖株式会社ホームページでの連載「ヤマザキマリの『世界を食べる』」(https://www.fnsugar.co.jp/essay/yamazaki)をもとに加筆・修正し、再構成したものです。

ヤマザキマリ　1967年生まれ。マンガ家。84年、イタリアに留学。97年、マンガ家デビュー。著書に『プリニウス』（とり・みきと共著）『オリンピア・キュクロス』『ヴィオラ母さん』など。

Ⓢ新潮新書

809

パスタぎらい

著　者　ヤマザキマリ

2019年４月20日　発行
2024年４月15日　７刷

発行者　佐　藤　隆　信

発行所　株式会社新潮社
〒162-8711　東京都新宿区矢来町71番地
編集部(03)3266-5430　読者係(03)3266-5111
https://www.shinchosha.co.jp

印刷所　株式会社光邦

製本所　株式会社大進堂

© Mari Yamazaki 2019, Printed in Japan

乱丁・落丁本は、ご面倒ですが
小社読者係宛お送りください。
送料小社負担にてお取替えいたします。

ISBN978-4-10-610809-9　C0277

価格はカバーに表示してあります。

新潮新書

617
小林カツ代と栗原はるみ
料理研究家とその時代
阿古真理

「働く女性の味方」小林カツ代と「主婦のカリスマ」栗原はるみを中心に、百花繚乱の料理研究家を大解剖。彼女たちの歩みは、日本人の暮らしの現代史である。本邦初の料理研究家論！

978
シチリアの奇跡
マフィアからエシカルへ
島村菜津

「ゴッドファーザー」の島から、オーガニックの先進地へ。本当のSDGsは命がけ。そんな、諦めない人たちのドキュメント。新しい地域おこしはイタリア発、シチリアに学べ！

421
マイ仏教
みうらじゅん

グッとくる仏像や煩悩まみれの自分と付き合う方法、地獄ブームにご機嫌な菩薩行……。辛いときや苦しいとき、いつもそこには仏教があった——。その魅力を伝える、M・J《みうらじゅん》流仏教入門。

983
脳の闇
中野信子

承認欲求と無縁ではいられない現代。社会の構造的病理を誘うヒトの脳の厄介な闇を解き明かす。著者自身の半生を交えて、脳科学の知見を媒介にした衝撃の人間論！

991
目的への抵抗
シリーズ哲学講話
國分功一郎

消費と贅沢、自由と目的、行政権力と民主主義など、コロナ危機に覚えた違和感の正体に迫り、哲学の役割を問う。『暇と退屈の倫理学』の議論をより深化させた、東京大学での講話を収録。